Sept-Îles

Havre-Saint-Pierre

L'ARCHIPEL DE MINGAN

Île aux Bouleaux

Petite Île aux Bouleaux

Grande Île

Île à la Proie

Île du Fantôme

Havre-St-Pierre

Île à Samuel

Île à Firmin

Île du Havre

Grosse ile au Marteau

Port-Menier

L'ÎLE D'ANTICOSTI

Baie-Comeau

FLEUVE SAINT-LAURENT

Rimouski

Gaspé

L'ÎLE BONAVENTURE

Percé

GOLFE DU SAINT-LAURENT

L'ARCHIPEL DU BIC

BAIE DES CHALEURS

LES ÎLES DU SAINT LAURENT

LES ÎLES DU SAINT-LAURENT

ANDRÉ CROTEAU

Les Îles
du
Saint-Laurent

Aux marins du Saint-Laurent.
Au bon souvenir de ceux d'hier,
bon vent à ceux d'aujourd'hui!

ÉDITIONS DU TRÉCARRÉ

Conception graphique et infographie : Dufour et fille design inc.
Recherche iconographique : Lise Pepin

Éditions du Trécarré 1995

ISBN 2-89249-527-X

Dépôt légal 1995
Bibliothèque nationale du Québec

Éditions du Trécarré
Saint-Laurent (Québec) Canada

IMPRIMÉ AU CANADA

J'irai te chercher une île, celle que tu montres
avec ta main… »

Félix Leclerc

Île. Juste à le dire, le mot sonne comme une note,
un écho qui meurt au loin. Une île, c'est toujours
loin. Comme un rêve qu'on porte au fond de soi.
C'est toujours là-bas, dans la brume ou, quand son
image se reflète dans l'eau, suspendue entre ciel et
terre.

    Chaque île est un rêve et un monde à la fois.
Un monde rassurant parce qu'on peut en faire
le tour, connaître ses bornes. Telle île est l'aune
d'une autre. Les îles se mesurent entre elles, voilà
pourquoi elles forment des familles d'îles, avec des
personnalités différentes et un air de famille.

A. C.

INTRODUCTION

Vues depuis les berges du *Grand fleuve*, les îles du Saint-Laurent semblent empreintes d'une sérénité immuable, d'un charme bucolique, de mélancolie. C'est vrai. Nos îles ont retrouvé la paix depuis qu'on les contourne au moyen d'autoroutes. Pendant trois siècles, elles eurent fonction de halte sur la trajectoire du fleuve. Premières terres visitées, conquises, colonisées. Terres de transition entre la mer et le continent; terres à la fois riches et précaires, polyvalentes quant aux ressources de gibier, de poissons et d'agriculture. Le Saint-Laurent est parsemé d'innombrables îles, îlots et îlets dont la nomenclature exhaustive relèverait du traité de géographie. Nous avons sciemment tourné le dos à l'archipel de Montréal, intégré pour ainsi dire au continent. Notre regard s'attache plutôt aux îles ou aux groupes d'îles qui conservent une importance géographique et historique digne d'intérêt. Chaque île parcourue sera soigneusement identifiée et située par rapport aux autres et à sa rive d'accès.

L'histoire de nos îles est fondue dans l'histoire du pays et leur nom perpétue le souvenir de la Vieille France; nous évoquerons quelques traits de cette histoire avec les mots, l'orthographe et la ponctuation de l'époque.

La vie des îles, c'est d'abord et avant tout la vie des gens d'hier et d'aujourd'hui, avec ses joies, ses drames et ses passions. Et des fantômes aussi qui ne rôdent qu'à la faveur de la noirceur, de l'isolement et du silence. Les îles sont depuis toujours le berceau de légendes.

Montons à bord d'une barque imaginaire et partons au fil de l'eau.

L'ARCHIPEL DU LAC SAINT-PIERRE
LES ÎLES D'EAU

« Le dit XXVIIIme jour de septembre, nous arrivasmes à vng grand lac et plaine dudict fleuve,
large d'envyron cinq ou six lieues, et douze de long; et navigasmes celluy jour amont ledict lac,
sans trouver par tout icelluy que deux brasses de parfond, esgallement, sans haulcer ny baisser.
En nous arrivant à l'vn des boutz dudict lac, ne nous apparessoit aucun passaige ny sortie,
ainsi nous sembloit icelluy estre tout cloz, sans aucune ripvière; et ne trouvasme audict bout
que brasse et demye; dont nous convint poser et mectre l'ancre hors, et aller chercher passaige
avec noz barques. Et trouvasme qu'il y a quatre ou cinq ripvières, toutes sortentes dudict fleuve en
icelluy lac, et venantes dudict Hochelaga, mays en icelles ainsi sortantes, y a barres et traverses,
faictes par le cours de l'eaue, où il n'y avoit pour lors que vne brasse de parfond. Et lesdictes
barres passées, y a quatre et cinq brasses, qui estoit le temps des plus petits eaues de l'année, ainsi
que vymes par les flotz desdictes eaues, qu'elles croissent de plus de deux brasses de pic.
Toutes icelles ripvières circuyssent et environnent cinq ou six belles ysles, qui font le bout
d'icelluy lac, puis se rassemblent, envyron quinze lieues à mont, toutes en vne. »

JACQUES CARTIER, le 28 septembre 1535

QUAND on descend le Saint-Laurent par une chaude journée d'été, surtout à la voile ou à l'aviron, la rumeur et les fumées de la métropole s'estompent rapidement. Le courant vous porte; le suroît vous pousse et l'effort fait place aux joies du moment. L'étrave chuchote, les goélands se balancent sous le ciel, et le vent doux transporte l'odeur du trèfle de Lanaudière.

Jeux d'eau et illusion d'optique, un mirage de rives danse bientôt dans l'air instable. Quelques heures et voici des foins qui se dressent à l'horizon et le courant qui accélère, à l'assaut d'une rive. Vous criez à l'imposture!

Voilà comment, descendant le *Grand fleuve*, on se retrouve dans l'archipel du lac Saint-Pierre.

Serrant la rive nord pour éviter le port de Sorel, le fleuve a viré à droite sans préavis, et vous voilà perdu. À gauche, l'île aux Foins sans arbres ni maisons. Devant, trois chenaux possibles : le chenal du Nord, le chenal aux Castors et le petit

Église de l'île Dupas.

chenal de l'île Dupas jadis appelé le chenal des Épouffètes.

Le temps de reprendre vos esprits, de rentrer la quille, d'amener la voile, vous apercevez, au-delà de l'île Bellegarde, les premières maisons de l'île Dupas. Vous avez donc pris le chenal aux Castors entre l'archipel de l'île aux Castors et l'île Dupas, la plus importante du grand archipel.

La structure de celui-ci a quelque chose d'étonnant : quelques grandes îles et, délimités par des chenaux principaux, plusieurs archipels secondaires formés d'îles à mi-temps, c'est-à-dire qui se confondent avec une île principale selon les caprices du climat.

C'est le cas de l'île aux Castors qui fait corps avec l'île du Mitan et l'île aux Vaches en dehors des périodes d'inondation. C'est aussi le lot de l'île Saint-Ignace qui fait corps avec l'île Madame; de l'île aux Ours, de l'île de Grâce et de la Grande île qui, elles aussi, ont leurs vassales.

En tout, une centaine d'îles, petites et grandes, que l'eau basse gratifie d'une autonomie passagère. Les îles en amont sont propices à l'agriculture; les

îles du centre sont fortement boisées et, toutes de marécages, les îles en aval sont aussi sauvages qu'au jour de leur découverte.

Quant aux îles de l'archipel du lac Saint-Pierre, elles sont filles de l'eau d'un même fleuve qui recouvrait la moitié de leur surface pendant la crue printanière et ce, jusqu'à ce que des travaux de main d'homme les en libèrent.

HISTOIRE

En 1534, Jacques Cartier explore la côte est du continent nord-américain; il a déjà visité la baie des Chaleurs, contourné la péninsule gaspésienne et exploré le golfe du Saint-Laurent. À la fin de l'été de l'année suivante, il remonte le *Grand fleuve*, espérant toujours découvrir la route des Indes. Il navigue sud-ouest vers la destination suggérée par les Amérindiens : située quelque part en amont, Hochelaga peuplée de mille Peaux-Rouges.

Cartier passe le cap Tourmente, contourne Stadaconé, nichée au pied du cap Diamant et, à mesure qu'il avance, voit se déployer une végétation de plus en plus riche. Il longe la plaine du Saint-Laurent qui fera la gloire de notre agriculture.

Le climat, sensiblement plus doux, fait jaillir du sol une forêt dont Cartier s'émerveille. « Nous avons trouvé et vu, écrit-il avec emphase, beaucoup de pays et de terres aussi unies que l'on saurait désirer, pleines des plus beaux arbres du monde, savoir : chênes, ormes, noyers, pins, cèdres, pruches, frênes, saules et force vignes, lesquelles avaient si grande abondance de raisins que nos compagnons en revenaient tous chargés à bord. » Incidemment, lesdits raisins, toujours dans la nature, sont à ce point acides qu'on ne peut les manger. C'est la fin de septembre et les oiseaux en migration peuplent les arbres; les baies et les îles regorgent de sauvagine. « Il y a, note Cartier, force grues, cygnes, outardes, oies, canards, alouettes, faisans, perdrix, merles, mauvis, tourtes, chardonnerets, serins, linottes, rossignols et autres oiseaux, comme en France et en grande abondance. » Cherchant un passage à travers

les îles, il rencontre cinq trappeurs amérindiens qui piègent des ondatras, des « rats sauvages », que les voyageurs trouvent « bons à merveille à manger ».

Suivant une technique astucieuse, les autochtones pratiquent aussi la pêche, notamment au brochet, au maskinongé et à l'anguille. Profitant des légers courants des chenaux qui ceinturent les îles, ils plantent dans la glaise des harts munies de fils tressés et soigneusement appâties qui ondulent dans l'eau. Voraces, les poissons se jettent sur l'offrande, mais leurs dents incurvées s'y prennent et voilà les proies d'eau douce prisonnières, attendant bien au frais qu'on les mette au pot.

Repaire des guerriers blancs et autochtones, les îles du lac Saint-Pierre ne seront pas rapidement colonisées.

La Nouvelle-France voit bientôt arriver les commerçants de fourrure qui noueront des alliances avec des tribus adverses. Il n'en faut pas plus pour qu'éclatent des conflits. À l'embouchure du Richelieu, principale route de traite vers la côte est

Les îles du lac Saint-Pierre semblent empreintes d'une sérénité immuable.

du continent et, plus précisément, vers New York, les îles de Sorel se prêtent admirablement aux embuscades et aux escarmouches des tribus rivales ou des pirates avides de fourrure.

Pendant un siècle et demi, la traite des fourrures nourrira la colonie naissante. Les commerçants n'attendent pas le retour printanier des trappeurs amérindiens, ils les relancent jusque dans leurs territoires de chasse. Pour ce faire, ils délèguent les « coureurs de bois », aventuriers rompus au négoce qui ne reculent devant rien pour accroître leur quantité de peaux. À certains moments, le tiers des colons participe aux affaires, et en 1680, plus de cinq cents Canadiens partent pour les « pays d'en haut », c'est-à-dire vers les territoires de trappe situés dans l'arrière-pays, à la source des grandes rivières.

Il faut obtenir l'accord des autorités avant de se lancer dans l'aventure, sinon carrément acheter le droit de partir. Cependant, certains trichent et se

La verchère et le labrador, indissociables compagnons des îles.

font contrebandiers de la fourrure; le profit est important, mais les risques le sont plus encore. En plus d'affronter les dangers du voyage, leur tête est mise à prix par le gouverneur lui-même. Ainsi, Thomas dit le Breton sera-t-il pendu en 1674 pour avoir été trouvé absent de son foyer pendant plus de vingt-quatre heures, alors qu'il avait pris le sentier de la forêt. Pierre Salvaye est pris en flagrant délit sur le Richelieu et arrêté à Chambly par M. de Portneuf sur les ordres du gouverneur Frontenac.

Quel est le taux de ce profit contre lequel on risque aussi allègrement sa tête? Le Baron de La Hontan, venu spécialement au Canada pour étudier la question, nous en donne une idée dans sa lettre datée du 2 octobre 1685 dont voici un extrait. « Les marchands mettent dans les deux canots stipulés dans le contrat, six hommes avec

mille écus de marchandises, qui sont vendues aux colporteurs à quinze pourcent de plus qu'elles sont vendues dans la colonie. Quand le voyage est terminé, cette somme de mille écus courants rapporte sept cents pourcent de profit clair, quelquefois davantage et quelquefois moins. Car les gens qu'on appelle les "coureurs de bois" marchandent avec les sauvages avec dextérité. Le chargement de deux canots calculé à mille écus de valeur, suffisant pour acheter autant de peaux de castor qu'on peut charger dans quatre canots. Alors, quatre canots peuvent rapporter cent soixante paquets de pelleteries, c'est-à-dire, quarante paquets par canot, calculant que chaque paquet a une valeur de cinquante écus, la valeur totale des

Le chenal des Épouffettes.

fourrures monte à huit mille écus. La répartition de ce profit extravagant se fait comme suit : – En premier lieu le marchand enlève la valeur de l'achat de son congé, soit 600 écus, ensuite 1,000 écus pour les marchandises. Après cela, il reste 6,400 écus de surplus, de laquelle somme le marchand tire 40 pourcent pour le prêt à la grosse aventure soit 2,560 écus : la balance est divisée également entre les six coureurs de bois qui retirent un peu plus de six cents écus chacun, qui est sûrement bien gagné, car leur fatigue n'est pas croyable. Entre temps le marchand tire encore 25 pourcent en livrant ses peaux de castors à l'office des fermiers généraux où les prix de quatre sortes de peaux sont établis. Si le marchand veut vendre ses peaux à un particulier pour de l'argent sonnant, il sera payé avec de l'argent du pays, qui a moins de valeur qu'une lettre de change tirée sur La Rochelle ou Paris. Là elles sont payées en livres françaises qui vaut 20 sols tandis qu'une livre canadien ne vaut que quinze sols. Cet avantage de 25 pourcent s'appelle un bénéfice. » C'est le moins qu'on puisse dire! Bref, il vaut mieux être marchand que coureur de bois si l'on ne tient pas compte de l'attrait pour l'aventure avec tout ce qu'elle comporte de liberté.

En même temps que les marchands de pelleteries, arrivent les missionnaires dont le père Isaac Jogues qui laisse le premier document officiel, soit un acte de baptême à l'île Dupas, daté de 1640. Il sera plus tard torturé par les Iroquois et honoré parmi les saints martyrs canadiens.

C'est dans les mémoires de Samuel de Champlain qu'on retrace la première allusion à un combat important dans les îles du lac Saint-Pierre. Le 28 mai 1603, tout en remontant le *Grand fleuve*, le voyageur croise à l'embouchure du Saguenay un groupe d'Algonquins sous la direction du chef Anadabijou. Champlain apprendra de la bouche des Algonquins que mille guerriers de leur tribu viennent de remporter une victoire contre les Iroquois à l'embouchure du Richelieu. Champlain reconnaît la valeur stratégique des îles et il la mettra bientôt à profit. En 1609, revenant d'une expédition punitive au lac qui porte son nom, il se croit pourchassé par des Iroquois. Au moment où il débouche sur le Saint-Laurent, il traverse rapidement la *Grande rivière*, puis le chenal sud et court se réfugier avant la nuit « dedans de grands roseaux ». L'année suivante, nouveau combat contre les Iroquois avec, cette fois, les Montagnais pour alliés.

Un quart de siècle s'écoulera avant que les Iroquois ne se hasardent de nouveau dans les îles du

Le chenal des Ours…

lac Saint-Pierre. Entre-temps, un important comptoir de fourrures a été érigé sur l'île Saint-Ignace où ils ne manquent pas de faire la pluie et le beau temps de 1634 à 1642, alors que le gouverneur Montmagny fortifie l'embouchure du Richelieu : Montréal vient d'être fondée et réclame protection.

Le temps passe; les passions s'apaisent. En 1666, les Français signent un traité de paix avec les Iroquois et, en 1669, Pierre Dupas, capitaine de milice, s'installe sur la plus grande île de l'archipel; celle-ci porte encore son nom.

Les terres de la vallée du Saint-Laurent sont découpées en seigneuries et les îles, qui s'étendent de Sorel à Berthier, font toujours partie de quelque concession dans l'une ou l'autre seigneurie. La concession de Pierre Saurel, à l'embouchure du Richelieu, comprend l'île Saint-Ignace, l'île Ronde et l'île de Grâce. Sur la rive nord, le sieur de Berthier obtient l'île aux Castors. Deux autres

... au redoux.

seigneuries monopolisent les terres du sud, celle de Yamaska et celle de Saint-François, toutes deux situées à l'embouchure des rivières du même nom. Contrairement à ce qui se passe en aval, ici, aucune seigneurie ne comporte que des îles. Même les censitaires, vassaux des seigneurs, reçoivent une île en plus d'une terre, car si l'île procure le poisson et le gibier, c'est surtout de la terre qu'on tire le pain.

Il y a là un phénomène unique dans l'histoire économique du pays. Ces îles, appendices d'exploitations agricoles situées sur les rives du fleuve, changent de propriétaire avant même d'être colonisées. Pierre Dupas, premier défricheur des îles, décède peu après son arrivée. Sa veuve vend la propriété à Charles Aubert de la Chesnaye en 1677 et retourne à Montréal. De la Chesnaye revend l'île telle quelle en 1690 à Jacques Brisset, sieur de Courchène et à Louis Dandonneau, sieur Dusablet qui donnera son nom à un îlet voisin. Beaucoup d'îles sont l'objet de telles transactions, ce qui diffère des usages européens qui tendent au maintien du patrimoine.

Paradoxalement, ce curieux maquignonnage contribue à l'affranchissement des îles. Quand des colons s'y installent à l'aube du XVIIIe siècle, ils échappent à la tutelle seigneuriale et déploient un esprit d'indépendance tout à fait particulier qu'on leur reconnaît encore.

L'ÎLE DUPAS

De 1700 à 1709, toutes les terres de l'île Dupas sont concédées et la vie s'y organise. La plupart des premiers colons sont venus de Champlain, en Mauricie, à la suite du seigneur Brisset. Licenciés, les officiers et soldats de la compagnie Richelieu se font cultivateurs. En 1706, une première église est construite sur cette île qui domine l'archipel. Une église n'est pas une paroisse : les premiers fidèles seront desservis par un missionnaire itinérant.

La paroisse de l'île Dupas est établie officiellement en 1722 et, avec le statut, vient le curé. L'autorité

morale du prêtre dépassera largement les frontières de son île; il desservira par voie de mission Saurel (Sorel), Berthier, Dorvilliers, Dautray et La Noraye.

C'est, note l'historien Rodolphe de Koninck, la première illustration de la fonction relationnelle que tiendront pendant longtemps les *Cent-Îles*, suivant le nom qu'il attribue à l'archipel du lac Saint-Pierre. L'influence de l'île Dupas rayonne sur une vaste région et les citoyens de plus en plus nombreux s'en trouvent rassurés. En 1729, l'île compte déjà cent soixante et onze habitants.

Le visiteur notera que les maisons les plus anciennes de l'île Dupas, comme celles de l'île Saint-Ignace, sont alignées sur la rive nord. À cette époque, on les oriente du côté de la ville de Berthier alors plus développée que Sorel.

Par la suite, Sorel dominera sur Berthier. Le curé de l'île Dupas n'a pas de successeur, et la paroisse est de nouveau desservie par un curé de l'extérieur établi à Sorel. L'église menace de tomber en ruine et elle sera remplacée en 1752 par une nouvelle construction érigée sur un site plus élevé et plus près du centre. Désormais, Sorel et Berthier ont chacune son curé et ce sont les insulaires qui, cette fois, défraieront les coûts. L'église de style gothique ne se dressera pas moins haute et fière sur le Petit chenal du Marais.

La ferme Henri Letendre, la dernière ferme de l'île de Grâce.
Page suivante, en bas :
Premiers remparts contre les glaces, de grands arbres montent la garde autour des îles, et une barque attend l'alerte.

La même année, un voyageur égaré du nom de Franquet suggère qu'on trace une carte des îles.

L'ÎLE SAINT-IGNACE

Deuxième en importance par sa surface et la qualité de ses terres, l'île Saint-Ignace accueille ses premiers défricheurs une fois occupées les terres de l'île Dupas, soit vers 1710. Moins longue que sa voisine, mais plus large, l'île présente des sols tout aussi fertiles, et sa côte en amont est légèrement surélevée; dans un pays régi par les niveaux de l'eau, quelques centimètres peuvent signifier beaucoup, comme on le verra plus loin.

La suprématie de l'île Dupas porte ombrage à sa voisine : les habitants de l'île Saint-Ignace se plaignent de devoir franchir en canot le chenal des Épouffètes et traverser à pied l'île Saint-Ignace pour accéder aux services spirituels.

La majorité des terres ayant été concédées au début du XVIIIe siècle et tous les habitants ayant établi leur demeure sur la rive nord, il s'écoule une centaine d'années avant que la rive sud de l'île Saint-Ignace ne soit peuplée. Toutefois, de 1815 à

1911, la population de Sorel quadruple. Son influence est telle que des insulaires commencent à orienter leurs maisons vers elle. Pendant quelques temps, les insulaires départageront à peu près également leur intérêt envers Berthier et Sorel, mais les activités industrielles et portuaires de cette dernière éclipsent bientôt sa rivale.

L'expansion de Sorel n'est pas la seule responsable de la suprématie de l'île Saint-Ignace sur l'île Dupas : la nature allait également prendre parti.

Mis à part le service religieux, la vie quotidienne à l'île Saint-Ignace ne diffère pas de celle des îles voisines. Elle gravite autour de la culture du sol, de la chasse et de la pêche, trois axes qui dépendent absolument de la crue printanière, le *grand coup d'eau*.

Nous avons déjà souligné le brusque virage à droite du Saint-Laurent à la hauteur de Sorel. Imaginons la scène au seuil du printemps. D'abord, le cours des trois rivières de la rive sud, le Richelieu, la Saint-François et la Yamaska, enfle sous l'influence d'un climat plus doux. Puis, un beau matin, les trois rivières crachent leurs glaces dans le fleuve, juste à l'endroit du coude de Sorel. Embâcle inévitable, les glaces s'empilent à la hauteur des îles. Ensuite, la débâcle suit le courant du fleuve : toutes les glaces depuis les rapides entourant Montréal s'empilent sur les premières, bientôt suivies de celles des lacs Saint-Louis, des Deux-Montagnes et Saint-François, sans compter celles de l'Outaouais.

Plus basse, toute la moitié inférieure de l'archipel du lac Saint-Pierre se trouve submergée. Seule la partie en amont, protégée par des berges plus hautes, se voit épargnée. L'abbé Fidèle Mondor, curé de l'île Dupas en 1891 et originaire des hauteurs de Saint-Michel-des-Saints, n'aime pas ces îles fluides. Il se demande pourquoi le Créateur n'a pas complété son œuvre quand, le troisième jour de la Création, il sépara la terre d'avec les eaux!

Il semble que les inondations suivent un cycle régulier : un niveau élevé aux deux ans et un niveau maximum aux dix ans. Loin d'être une calamité, elles laissent aux îles une couche de limon fertile. « Grandes eaux, grands foins! », se plaît-on à dire. Le niveau des eaux peut commencer à monter dès la fin de février et continuer en mars; arrive la débâcle en avril et tout rentre dans l'ordre à la fin de mai.

Ce long cycle permet aux poissons les plus variés de frayer dans les marais; les œufs ont le temps d'éclore et les alevins peuvent à loisir regagner le lac avant l'assèchement des frayères. Profitent du même avantage les canards qui nichent dans les bois inondés à l'abri des prédateurs; au reflux des eaux, les canetons émigrent dans les baies. Autre bénéfice, pouvoir circuler en canot avant même la fin de l'hiver permet au trappeur de pourchasser le rat musqué au moment où sa fourrure est au meilleur. Il n'y a pas de chasseur professionnel dans l'archipel du lac Saint-Pierre; la chasse et la trappe divertissent après le long hiver et procurent de la viande fraîche aussi bien qu'un revenu d'appoint.

Néanmoins, toutes les inondations ne laissent pas un même bilan positif.

L'INONDATION DE 1865

Le printemps de 1865 ne laisse rien présager. Le « *petit coup d'eau* » au premier temps doux de février déplace les rats musqués, et les trappeurs aidés de leur chien n'ont pas de mal à les poursuivre. Les premières corneilles apparaissent à la mi-mars. L'adoucissement du climat remue les affluents sud du lac Champlain, ce qui hausse d'autant le niveau du Richelieu. Comme toujours à la fin de mars, les eaux du Saint-Laurent grugent la rive des îles, et les insulaires prennent les précautions habituelles. On attache les embarcations près des maisons. On vide les caves et on accumule les réserves à l'étage. On remise au grenier les meubles inutiles. Dans les étables, on construit des estrades pour, éventuellement, jucher les bêtes. Puis, on attend.

Nous devons à l'abbé Vincent Plinguet, alors curé de l'île Dupas, le détail des événements de ce printemps tragique. « Tant que le Saint-Laurent ne fut qu'à la hauteur à laquelle il avait accoutumé les insulaires, ceux-ci ne s'en inquiétèrent pas trop; mais quand il dépassa celle que la génération présente ne lui avait jamais vu atteindre, ils commencèrent à craindre. Les planchers postiches, qu'on avait établis à deux pieds au-dessus du plancher véritable des maisons, étaient submergés, l'eau commençait à baigner les estrades sur lesquelles on avait élevé les animaux, il fallut monter ceux-ci sur les greniers à foin et loger les familles sous les toits. L'eau ne coulait pas, mais elle montait toujours, et dans les derniers jours, chaque matin, tous constataient avec effroi qu'elle était quatre à cinq pouces plus haute que la veille.

Le 12 avril, toutes les îles étaient submergées. On ne voyait que de l'eau; elle s'élevait en ce moment de seize à dix-sept pieds au-dessus du niveau que le fleuve tient en été. Elle ne s'était pas élevée à cette hauteur depuis soixante-sept ans.

Vers midi, le vent commença à souffler du sud-ouest, d'amont. La violence des vagues, même hors du lit ordinaire de la rivière, était effrayante à voir. L'eau poudrait comme en hiver, durant les plus fortes tempêtes de neige.

Dans un grand nombre de familles, les hommes, voyant s'élever le vent vers midi, étaient montés dans leurs canots pour aller recueillir les perches qui se détachaient des clôtures.

Jean-Baptiste et Joseph Boucher, au Nid-d'Aigle, ne trouvent pas d'autre moyen de salut que de faire un trou dans le toit, d'y faire passer leurs femmes et leurs enfants, pour les mettre à cheval sur ce vaisseau d'un nouveau genre.

Plusieurs familles avaient vu une partie des maisons emportées. Dans l'Île-Saint-Ignace, du côté du fleuve, la côte étant élevée, elle était battue en brèche par les coups redoublés de la vague, et il s'en écroula une largeur de vingt-cinq pieds sur une longueur de quarante arpents. Des arbres énormes, en grand nombre, furent déracinés et culbutés dans l'Île-Dupas. Les dommages furent considérables dans toutes les paroisses situées sur le fleuve, surtout dans les îles et particulièrement dans l'Île-de-Grâce

où, sur dix-huit maisons, quinze furent emportées et où dix-neuf personnes furent noyées.

Dans l'Île-Dupas, quinze personnes se noyèrent. Vingt-sept maisons emportées ou grandement endommagées, quatre-vingt-huit granges, beaucoup de grains et une quantité considérable de foin furent engloutis dans les flots. »

On apprendra plus tard qu'un embâcle entre Québec et Trois-Rivières, refoulant l'eau jusqu'à la tête du lac Saint-Pierre, avait provoqué cette catastrophe. Heureusement, le courageux équipage d'un bateau à vapeur de la Compagnie Richelieu, le *Cygne*, parvint à sauver plusieurs vies.

Plus élevée que l'île Dupas par rapport au niveau du fleuve, l'île Saint-Ignace est épargnée et pendant que la population de sa rivale diminue, la sienne ne cesse d'augmenter. Aussi les paroissiens réclament-ils bientôt une église. Elle sera érigée juste vis-à-vis l'église de l'île Dupas, donnant ainsi sur le chenal des Époufettes. Il y a là quelque chose d'un baume pour l'âme et, pour les sensibilités, l'occasion d'une petite revanche.

L'année suivante, une nouvelle grande inondation sévit, le niveau de l'eau dépassant le précédent de cinquante centimètres.

L'ÎLE DE GRÂCE

L'île de Grâce revêt d'abord un statut de commune. Le seigneur Pierre de Saurel l'avait mise à la disposition des censitaires pour le pacage et l'approvisionnement en bois moyennant rétribution. Les bénéficiaires trouvent cependant pénible de traverser sans cesse le chenal sud, le plus puissant cours d'eau des îles, et renoncent bientôt à leur privilège. En 1821, d'après le *Papier Terrier*, l'île appartient encore au seigneur de Saurel; elle sera donc colonisée plus tard.

De toutes les îles de l'archipel du lac Saint-Pierre, l'île de Grâce reste la plus attachante. Est-ce à cause de son destin tragique ou de l'étonnante force de caractère des insulaires? Car l'inondation de 1865 ne laisse que trois maisons fort abîmées et

Le *Grand coup d'eau*.

autant de familles profondément affligées. N'oublions pas que, jadis, dans les campagnes, l'isolement, le partage quotidien des mêmes espoirs et des mêmes dangers, les mariages entre voisins, tissaient des liens affectifs profonds entre les membres de la même communauté. Toujours est-il qu'à la fin du siècle, une vingtaine de familles y vit encore. Avec l'érection civile de la municipalité de Sainte-Anne-de-Sorel le 14 mai 1877, l'île de Grâce, l'île aux Corbeaux et l'île à la Pierre sont rattachées au rang du chenal du Moine.

Sans doute le pont de glace, qui relie l'île de Grâce au continent pendant quelque cent quarante-cinq jours par an, permet-il aux insulaires d'établir des relations économiques stables avec la rive sud. Or, ce lien vital disparaît à compter de 1930, alors que des brise-glaces naviguent sur le lac Saint-Pierre pour prévenir les inondations. Sans lien physique, la vie dans l'île devient intenable si bien que les dernières familles la quittent en 1954, à l'exception des Letendre, c'est-à-dire un vieillard et son fils Henri, célibataire.

Aujourd'hui, la forêt recouvre presque toute l'île de Grâce. De nombreux chalets, servant surtout à la chasse, s'alignent encore le long du chenal des

Corbeaux et une seule ferme insensible à l'usure du temps demeure exploitée, celle du fils Letendre.

L'ÎLE D'EMBARRAS

Rattachée à la paroisse de Sainte-Anne-de-Sorel, l'île d'Embarras est également habitée. Au milieu du siècle, on l'appelle plutôt l'île des Beauchemin, nom

Expédition écologique en canot rabaska.

des huit familles qui l'occupent alors. Germaine Guèvremont fera de cette île le cadre de son célèbre roman dont le personnage central allait engendrer le mythe du chenal du Moine : le Survenant.

« CUEILLIR » LE FOIN

Les inondations printanières ne sont pas sans influer profondément sur le mode d'agriculture locale. Bien sûr, les dépôts de limon rapportent gros. En revanche, la sournoise crue des eaux risque toujours d'emporter le sol arable, le cultivateur perdant par l'aval ce qu'il gagne par l'amont. C'est pourquoi la culture du foin reste privilégiée aux îles. On le sème une fois et, ô bonheur, il poussera tout seul pendant vingt ans! On ne cultive pas vraiment le foin, on ne

fait que le cueillir. Toutefois, les insulaires n'étant pas des éleveurs, leur foin sera surtout vendu aux fermiers des rives sud et nord, sinon, pendant une certaine période, à ceux des États-Unis.

D'UNE SAISON À L'AUTRE

Deux siècles et demi s'écoulent sur l'archipel du lac Saint-Pierre. On vit de la terre, on s'habille de l'étoffe que tissent les ménagères. Les hommes taillent les « souliers de bœuf » dans des pièces de cuir de vache tanné à la maison; ils construisent des meubles et des coussins que les femmes rembourrent de « foin d'odeur » : la hiérochloé odorante qui

Pages suivantes :
L'agriculture demeure la ressource économique de l'archipel du lac Saint-Pierre.

abonde dans les sols humides. Une vie simple et humble, mais guère misérable, puisque la nature généreuse fournit, contre un minimum d'effort le poisson, le gibier et la moisson.

Le *Grand coup d'eau* passé, on se livre à la pêche. À l'aide de grands verveux, on ramasse force perchaudes, brochets, maskinongés, esturgeons et anguilles, espèces recherchées dans les marchés riverains, de même qu'à Montréal, Trois-Rivières et Québec. L'été, on engrange le foin. L'automne, on chasse le cygne sauvage, l'oie et le canard. (En ce temps-là, les bernaches du Canada étaient aussi nombreuses que les oies blanches aujourd'hui et alors pratiquement inconnues.) Vingt-six espèces de canards émigrent du début de septembre quand passent les sarcelles à ailes bleues jusqu'aux glaces quand arrivent les kakawis. De la mi-décembre à la fin de février, on se livre aux travaux d'hiver; on trappe l'ondatra ou rat musqué jusqu'à l'inondation.

La chasse aux canards fait partie intégrante de l'histoire des îles de Sorel.

Alors que, désertée par les bûcherons, la plaine vit au ralenti pendant la froidure, les îles, quant à elles, bourdonnent d'activité. Pendant trois mois et demi à quatre mois, les insulaires se trouvent reliés au continent par un pont de glace d'autant plus solide qu'on casse la glace à plusieurs reprises pour en accroître l'épaisseur. Provisoirement, une sorte de vie continentale devient possible : on va et on vient au gré des besoins; on transporte le foin engrangé vers les rives voisines, quitte à rapporter les matériaux de construction qui manquent toujours dans ce petit univers en pleine expansion.

Selon la présence ou non de la neige à la surface, on traverse en traîneau, ou en carriole, ou en « canot à glace » : petite embarcation de quatre mètres dont le fond plat est recouvert de tôle*. On traverse à la « broche », comme en été : on tend un solide fil de fer d'une île à la rive importante la plus proche. La glace menace-t-elle de céder, on saute dans la barquette et, à l'aide de la « broche », on la hale vers la rive. On appelle cette période de glace incertaine, le *temps des dégras* : quand la glace *marche*, on est *dégradé*.

LES COMMUNES

La culture des îles du lac Saint-Pierre contribue à la création des communes, forme unique de mise en valeur du territoire au Québec. Vieilles de trois siècles, les communes sont des pâturages communaux couvrant jusqu'à vingt pour cent de la surface inondable des îles.

À l'origine, ces communes font partie de seigneuries et elles ne servent qu'au pâturage du bétail des censitaires. Une fois les seigneuries disparues, on trouve le système tellement avantageux qu'on rattache les communes au territoire administratif le plus proche. Les insulaires savent exploiter au maximum la spécificité de leur territoire : les pâturages communaux occupent les petites îles, ce qui en facilite d'autant la surveillance et l'entretien sans recourir aux clôtures. Au XVIIIe siècle, une douzaine de communes sont ainsi exploitées aux quatre coins des îles de Sorel.

LES PONTS

Depuis l'aube de la colonisation de l'archipel du lac Saint-Pierre jusqu'en 1939, les insulaires rêvent de ponts qui les relieraient à la rive de Berthier ou de Sorel. Vu les frais éventuels en faveur d'une si faible population, ce n'est, en effet, qu'un rêve. Néanmoins, la guerre permet parfois ce que l'économique refuse. Lors de la Première Guerre mondiale, de grandes aciéries s'étaient installées à Sorel, site idéal à proximité de la métropole et donnant sur le *Grand fleuve*. À la veille de la Seconde Guerre, ces industries sont promises à un

essor fulgurant. Montréal et Québec demeurent les deux seules rives du Saint-Laurent dotées de ponts, et il devient urgent d'établir d'autres points de passage. La route 158 reliera les deux rives du Saint-Laurent au moyen de trois grands ponts et d'un traversier.

Du coup, la vie dans la majorité des îles ne sera plus la même. L'automobile les envahit; la périlleuse traversée du grand chenal entre l'île Saint-Ignace et Sorel se fait en vingt minutes et en toute sécurité; de nombreux insulaires travaillent à Sorel. Le sud de l'île Saint-Ignace devient le village de Saint-Ignace-de-Loyola, banlieue de Sorel. Bref, la vie urbaine arrive aux îles.

BRACONNAGE

L'urbanisation des îles n'est pas sans avantages : transport, communications, accès à la formation scolaire avancée, prospérité. Cependant, elle n'a pas lieu sans heurts. Univers jadis fermé sur des gens à l'indépendance légendaire, le voilà découvert par le grand public. La belle autonomie si chèrement payée se voit menacée : on ne peut plus agir à sa guise, on doit obéir à des lois venant d'ailleurs. L'inévitable survient pour une question de chasse.

L'abondance et la variété du gibier, et particulièrement du gibier à plumes, frappe l'imagination des découvreurs français. Dans leur pays, la chasse est réservée aux nobles et aux seigneurs. Voilà que dans ce nouveau pays, quiconque peut obtenir une seigneurie s'il a quelque fortune ou se livrer à la chasse hors des seigneuries s'il n'en a pas. Certains gouverneurs et intendants raffolent de la chasse, notamment M. de Montmagny dont il sera question plus loin, de même que plusieurs hommes politiques. En 1878, J.U. Gregory est invité à la chasse par l'Honorable Luc Letellier, alors lieutenant-gouverneur de la province de Québec; voici ce qu'il raconte dans ses mémoires.

« Je ne connais aucun endroit de chasse, dans la province de Québec, préférable en automne aux îles de Sorel.

---

* Les canots à glace des îles de Sorel n'ont rien de commun avec les canots à glace de l'archipel de l'Île aux Grues, comme on le verra plus loin.

En haut :
Un traversier relie les îles quotidiennement à la ville portuaire et industrielle de Sorel.

Ci-dessus :
Malgré ses rigueurs, l'hiver ralentit à peine les activités maritimes.

Ces localités et les environs abondent en bécasses, bécassines, pluviers, courlis, et autre menu gibier de grève. Le canard noir, le cou rouge, les canards d'automne s'y attroupent, aussi bien que les sarcelles aux ailes vertes et les sarcelles aux ailes bleues; bref, toute la gente ailée d'eau douce, qui prend ses ébats sur le littoral du Saint-Laurent, y trouve pâture et abri aux mois de septembre et d'octobre.

Sur la pointe sablonneuse de certaines îles, telles que la pointe à Pécaud, ou l'île du Sablé, les chasseurs se cachent dans les gabions qu'ils construisent pour tirer à leur passage le soir, l'oie-à-cravate, notre outarde, laquelle descend à la recherche de vivres, sur les grèves ou dans les champs en arrière.

L'accès de ces lieux est fort facile, par les grands steamers de Québec et de Montréal. »

La chasse fait donc partie des mœurs. Pour les insulaires, elle est essentiellement vivrière : le rat musqué et la sauvagine fournissent une grande part de la viande de l'année. Le retour des bernaches marque une période faste du printemps. Pendant que la province se régale du jambon pascal, les insulaires dégustent l'oie sauvage envers et contre la loi.

La chasse à la bernache passionne les insulaires. Au moins trente pour cent des fermes gardent en captivité des bernaches qui serviront d'appelants vivants au moment de la chasse. On tient à elles plus qu'à ses chevaux ou à ses chiens; bref, les outardes se perpétuent de génération en génération dans une ferme des îles. Au passage des oiseaux migrateurs, les oies captives sont placées dans des enclos au bout du champ. Le jars, séparé de ses femelles, lance ses cris de ralliement qui « cassent » les vols d'oies sauvages aussitôt à portée de fusil.

Les règlements élaborés après 1900 sur la chasse continentale s'appliquent difficilement à celle des îles étant donné la tradition. Les gardes-chasse patrouillent le jour pour être vus, mais se tiennent loin la nuit, même quand des coups de feu retentissent dans le noir. On claironne les règlements, mais on arrête peu de braconniers.

Néanmoins, la chasse traditionnelle prend une autre tournure à la faveur de l'urbanisation. Les ouvriers des villes avoisinantes veulent goûter au plaisir. Le braconnage devient un sport dont le défi de l'autorité sera l'épice.

En 1966, le député de la région est ministre de la Chasse et de la Pêche dans le gouvernement du Québec. Se croyant à l'abri, les braconniers s'adonnent avec ferveur à la chasse printanière au vu et au su de tous. Les nouveaux venus, touristes du dimanche, sonnent l'alarme et la gendarmerie canadienne débarque en force, met aux arrêts trente-cinq contrevenants et saisit soixante-dix-neuf bernaches domestiques. Comme il faut s'y attendre, le député perd derechef son ministère et, l'automne suivant, ses élections!

LA LÉGENDE DU PASTEUR PUNI

Feux follets, farfadets et fantômes s'arrangent bien dans les îles remplies de paix, de ténèbres et de mystère. Comme les îles du Saint-Laurent sont imbibées de foi catholique, les saveurs religieuses ne sont pas absentes des légendes qui circulent d'une génération à l'autre.

Pendant longtemps, raconte-t-on, on avait aperçu de la lumière dans l'église au beau milieu de la nuit. Discrets, les paysans laissaient néanmoins le curé vaquer à ses occupations. La chose venant à s'ébruiter, les paroissiens en discutèrent pour, finalement, charger le plus brave d'enquêter.

Notre homme résolut de passer la nuit dans l'église. Sur le coup de minuit, l'autel s'illumina et un prêtre entra, vêtu des habits sacerdotaux. Comme il s'apprêtait à célébrer la messe, le bon paroissien crut de son devoir d'aller la servir.

Tout se déroula dans l'ordre, le prêtre faisant montre d'une grande dignité. À l'*Ite missa est*, celui-ci sortit tout à coup de sa réserve pour s'adresser en ces termes au servant de messe improvisé : « De mon vivant, j'étais venu ici en mission et, par négligence, j'avais escamoté une messe. Dans l'au-delà, le Maître des cieux m'a condamné à revenir

célébrer toutes les nuits jusqu'à ce qu'un paroissien vienne servir la messe. Par votre acte de charité, vous venez de libérer mon âme! » Sur quoi le fantôme disparut à jamais.

LE SURVENANT

Cette histoire de revenant a beau impressionner les bonnes âmes, l'influence de ce curé fantôme reste bien insignifiante en comparaison de celle d'un autre personnage qui changera pour vrai la vie des gens. D'abord héros d'un roman, puis d'une série télévisée, le Survenant incarne ce personnage mythique que tout homme voudrait devenir et que toute femme rêve d'aimer.

Un jour d'automne, arrive au chenail du Moine un solide gaillard qui offre ses bras pour les travaux de la ferme. Exaspéré par son fils fainéant, Didace Beauchemin l'embauche. Des marins et des débardeurs sans emploi pendant l'hiver viennent souvent travailler dans la région et, généralement, ce n'est pas le silence qui les distingue. Lui, le beau ténébreux, se tait. Lui demande-t-on son nom, il répond : *Never mind!*

Comme il est arrivé à l'improviste, on le surnomme le Survenant, nom qui lui restera. Le Survenant impressionne; il est adroit et travailleur. Courageux aussi : mis au défi par Odilon Provençal, il se bat comme un tigre et devient le coq du patelin. Le fier Didace Beauchemin se reconnaît dans cet étranger dont il aurait aimé être le père. Se tisse entre les deux hommes une belle et fructueuse complicité.

Autour de ces deux protagonistes gravite la petite société locale dont le maire Provençal et ses deux fils : Odilon l'arrogant et l'humble Joinville qui, au grand dam de son frère, deviendra l'ami du Survenant. Également : le père Salvail et sa frivole Bernadette (Bedette), Beau-Blanc, l'homme à tout faire, et Angélina Desmarais, jeune célibataire dotée de toutes les vertus, mais affectée d'une claudication.

Le Survenant s'occupe tout l'hiver chez les Beauchemin. Le printemps venu, ses ennemis s'attendent à son départ, mais il reste, à la grande satisfaction de son employeur. L'été passe, puis un deuxième automne. Toutes les jeunes filles sont devenues amoureuses du héros, de Bedette à Angélina. C'est à celle-ci qu'il donne son attention sans franchir toutefois les distances de l'estime.

De nuit comme de jour, il se rend à de fréquents rendez-vous à Sorel où il entraînera Didace Beauchemin.

Ces sorties semblent faire le plus grand bien au patriarche. Quand le « grand dieu des routes » disparaîtra pour ne plus revenir, le père Didace se présentera chez le curé du chenail du Moine pour faire publier les bans! Il va marier la Cayenne, une femme de sa trempe qui pourrait lui donner un fils.

C'est le Survenant qui, complicité suprême, la lui a fait connaître.

LA VIE MODERNE

Porté au petit écran, ce roman expose au public le cycle annuel des insulaires et leur vie en sera profondément marquée. Du jour au lendemain, tout le Québec veut voir ces îles mystérieuses, rencontrer ces gens fiers et colorés auxquels on s'identifie.

On achète des lopins de terre; on construit des chalets ou des « camps » de chasse et voilà un beau jour les insulaires minoritaires dans leur propre fief. Plus moyen de chasser comme jadis, quand le cœur vous en dit! Plutôt que de vendre le poisson à l'extérieur, on le sert aux visiteurs du chenail du Moine dans des restaurants aux noms évocateurs : *le Coin du Survenant, Chez Bedette, Chez Marc Beauchemin.*

Grâce au travail des infatigables brise-glace, la navigation reste ouverte à l'année longue sur le Saint-Laurent. Pour contrer l'inondation des îles et hausser le niveau des eaux dans les ports de Montréal et de Sorel, cinq barrages sont érigés sur des points stratégiques entre les îles. Une partie de l'île des Barques sera même découpée pour faciliter la navigation.

AUJOURD'HUI

Les îles du lac Saint-Pierre ont presque retrouvé leur paix séculaire. Dans la foulée de la route 158 qui enjambe les trois principales îles — incidemment non identifiées —, les voyageurs ne dévient pas de leur route entre Berthier et Sorel.

Les paysans, moins nombreux mais plus spécialisés, sont toujours prospères. S'ils échappent aux crues, ils ont perdu le limon, et doivent amander le sol tout comme les agriculteurs continentaux. Il ne reste que quatre pêcheurs commerciaux au chenail du Moine et à l'île d'Embarras. La plupart des résidants travaillent aux industries de Sorel, Tracy et Berthier, et pendant les vacances, ce sont les villégiateurs qui forment la majorité.

L'église de l'île Dupas se dresse encore fièrement et revit à chaque dimanche. Son beau presbytère en pierre aura été épargné du pic des démolisseurs grâce à l'abbé Sylvio Laporte, professeur de grec au séminaire de Joliette et nommé curé en 1951. Fils de cultivateur et très attaché à sa région d'origine, ce spécialiste d'une langue morte ranima l'église et le presbytère grâce à ses dons de bricoleur. Les deux bâtiments sont toujours debout.

Ironie du sort, l'île Dupas est maintenant intégrée à sa rivale, et c'est le curé de Saint-Ignace-de-Loyola qui la dessert. À titre de précieux vestige, l'autel en bois sculpté de l'église de l'île Dupas a été conservé.

C'est au printemps qu'il convient de visiter l'archipel du lac Saint-Pierre, à pied ou en canot,

L'église de l'île Dupas revit chaque dimanche.

comme jadis. Toujours nombreux, les rats musqués sillonnent les eaux. Les canards se font la cour dans les mares au son du coassement des grenouilles. Les terres submergées regorgent de poissons qui fraient. Les liards tressent une couronne autour de chaque île. Où que porte la vue, elle rencontre un chenal, une pointe, un îlot.

Partout, on entend le chuintement de l'eau, le soupir du *Grand fleuve*, l'écho du passé. Premier rempart contre les glaces, des rangées de gros arbres montent la garde sur les rives où des barques restent encore attachées, mais l'alerte est à jamais passée.

L'ÎLE D'ORLÉANS : L'ÎLE DE TERRE

« Le septième jour dudit mois, jour de Notre-Dame, après avoir ouï la Messe,
nous partimes de la dite Isle pour aller àmont le dit fleuve, et vinmes à quatorze Isles
qui estoient distantes de la dite Isle ès Coudres de sept à huit lieuës,
qui est le commencement de la terre et province de Canada : desquelles y en a une grande
d'environ dix lieuës de long, et cinq de large, où il y a gens demeurans
qui font grande pêcherie de tous les poissons qui sont dans le dit fleuve selon les saisons,
de quoy sera fait cy-après mention. Nous étans posés et à l'ancre
entre icelle grande Isle et la terre du Nord, fumes à terre et portames les deux hommes
que nous avions pris le précédent voyage, et trouvasmes plusieurs gens du païs,
(...) et lorsqu'ils eurent cognoissance d'eux, commencèrent à faire grand'chère,
dansans et faisans plusieurs cérémonies, et vindrent partie des principaux à nos bateaux,
lesquels nous apportèrent force anguilles, et autres poissons, avec deux ou trois charges de
gros mil, qui est le pain duquel ils vivent en la dite terre, et plusieurs gros melons. »

JACQUES CARTIER, le 7 septembre 1535

ÉMERAUDE gigantesque montée sur un socle de granit, l'île d'Orléans reste le joyau du Saint-Laurent. Portant le nom d'un grand duc de France, elle est acquise par un prince de l'Église, puis reprise par un seigneur qui en fait un royaume. Il n'est pas étonnant que, la découvrant, Cartier surévalue sa longueur et sa largeur : c'est un paradis plus grand que nature. Ou encore serait-ce l'effet de quelque élixir ? N'oublions pas que l'explorateur l'appelle tout d'abord l'île de Bacchus au sortir de mémorables agapes pour, l'année suivante, la baptiser « île d'Orléans ».

Le destin de cette île est inscrit dans son sol : les Amérindiens la cultivent déjà avant l'arrivée des Blancs. Si évidente soit-elle, une vocation se cherche parfois longtemps : en 1542, une première colonie soutenue par le sieur de Roberval échoue; les tentatives suivantes subissent toutes sortes de contraintes et il faudra plus d'un siècle pour que la colonisation ne démarre pour de bon.

De Jacques Cartier à Samuel de Champlain, tous les explorateurs qui remontent le Saint-Laurent décrivent l'île d'Orléans en termes élogieux. Un simple coup d'œil suffit à mesurer son potentiel : vaste, protégée des inondations par les marées, unifiée, fertile, rien n'est mieux adapté à la colonisation. Sans compter ses avantages sur le plan militaire : assez rapprochée des rives pour être facilement accessible, mais suffisamment éloignée pour voir venir les attaques. En outre logée entre le cap Tourmente et le cap Diamant, il est facile d'exercer la vigie à partir de ces hauteurs.

Les premiers venus se soucient peu de bâtir un pays : le profit rapide et faramineux généré par la traite des fourrures les intéresse bien davantage. L'île d'Orléans, avec la seigneurie de Beauport dont elle fait partie, sera cédée à un groupe de financiers, la Compagnie de la Nouvelle-France, aussi connue sous le nom de compagnie des Cent-Associés, qui a reçu ses lettres patentes le 6 mai 1628 à La Rochelle.

Depuis Dieppe et sous le commandement de Claude Roquemont de Brison, la compagnie envoie quatre vaisseaux chargés de colons vers la Nouvelle-France. La flotte est capturée par des protestants français à la solde de l'Angleterre, les frères Kirke, et Roquemont retourne en France avec trois navires en moins. La compagnie des Cent-Associés fait une nouvelle tentative l'année suivante, mais les bateaux accostent au moment même où les Kirke s'emparent de Québec; à nouveau, on rebrousse chemin.

Pommiers à l'île d'Orléans : le destin de cette île est inscrit dans son sol.

La mère patrie récupère sa colonie trois ans plus tard; Emery de Caën la dirige en attendant l'arrivée de Samuel de Champlain en 1633. Entre-temps, la compagnie ayant perdu la majorité de son capital initial, elle confie la colonisation de la Nouvelle-France à des entrepreneurs qui reçoivent des territoires en seigneurie, à charge d'y établir des colons.

De 1632 à 1636, Robert Giffard et Jacques Castillon, entre autres, s'intéressent à l'île. Castillon l'obtient en seigneurie le 15 janvier 1636, mais la colonisation ne démarre qu'en 1638 sous la gouverne de monsieur de Montmagny. Dès lors, les terres de l'île sont divisées en fiefs et arrière-fiefs qui deviendront autant de paroisses. Les fiefs passeront de main en main, sauf celui de Saint-Laurent, concédé en 1653 aux Hospitalières de l'Hôtel-Dieu de Québec qui le détiennent toujours au début du présent siècle.

Malgré un démarrage plutôt modeste, la colonisation va bon train. En 1648, un missionnaire jésuite, le père de Quen, dénombre au total deux cent quarante communiants au cours d'une tournée à Beauport, au cap Tourmente et à l'île d'Orléans qui ne compte alors que deux ou trois familles. Le premier couple à s'établir sur l'île en 1648, Chavigny de Berchereau et Éléonore de Grandmaison, occupe avec ses quatre enfants la pointe ouest avant d'obtenir, l'année suivante, une seigneurie de quarante arpents de front sur toute la largeur de l'île. Cette seigneurie sera connue plus tard sous le nom de fief Beaulieu.

Pendant ce temps, les Iroquois s'en prennent aux Hurons. Pour héberger les survivants, les missionnaires louent une partie du fief Beaulieu, en 1650. Non sans peine, le père Joseph-Marie Chaumonot enseigne aux Amérindiens à tirer leur subsistance du sol. En 1653, le père Jérôme Lalemant, futur martyr jésuite, dédiera la première chapelle de l'île à la

Tant dans le style de leurs maisons que dans leurs coutumes, les habitants de l'île d'Orléans ont toujours fait preuve d'un attachement indéfectible à leurs racines.

Vierge Marie. La chapelle de La Visitation-de-la-Bienheureuse-Vierge-Marie sera celle des Hurons qui quitteront l'île en 1657.

En 1660, les Iroquois attaquent les colons français de l'île d'Orléans. Un groupe de guerriers est embusqué dans une maison et menace les insulaires. Jean de Lauzon, maréchal de la Nouvelle-France et fils du gouverneur de Lauzon, se porte à leur secours. Les *Relations* qui nous sont parvenues de cette bataille varient quelque peu de l'une à l'autre, mais la suivante, du père Lalemant, semble la plus complète :

« Il monte dans une chaloupe, lui huitième, et s'étant approché d'une maison située vers le milieu de l'île d'Orléans, dans laquelle les Iroquois s'étaient mis en embuscade, il fallut en venir aux mains. Il y avait sur le rivage un gros rocher, qui pouvait servir de boulevard à ceux qui s'en seraient emparés les premiers; de quoi s'apercevant bien les ennemis, ils prennent chacun deux ou trois pièces de bois, et, les joignent ensemble, les portent devant eux comme des mantelets à l'épreuve des grands coups de fusil, que nos Français déchargent continuellement sur eux. Mais ils ne les purent empêcher de se saisir de ce poste avantageux d'où, comme d'une tour dressée tout à dessein, ils avaient sous leurs fusils et à leur commandement la chaloupe qui, par malheur, s'étant échouée sur le côté qui regardait ce rocher, présentait tout son flanc à découvert aux Iroquois, et leur mettait en vue ceux qui s'en devaient servir comme retranchement. Alors le combat commença tout de bon par les décharges qui se faisaient de part et d'autre. Mais que pouvaient faire nos gens, qui n'étaient que huit contre quarante, et tous découverts, contre ces furieux gabionnés derrière leur rocher? Reconnaissant donc bien qu'ils n'avaient de défense que leur courage, et que l'extrémité où ils se

voyaient les obligeait de songer plus au salut de leur âme qu'à la sûreté de leur corps, ils commencèrent l'attaque par la prière publique, qu'ils firent par trois fois, pendant que les ennemis, qui, sentant bien leur avantage, et qui se tenaient déjà victorieux, leur firent trois sommations de se rendre, faisant mille belles promesses de la vie.

Mais, M. le sénéchal, préférant une glorieuse mort à une honteuse captivité, refusa tous ces pourparlers, et ne répondit à ces semonces que par la bouche de son fusil; et comme il s'y comportait le plus chaudement de tous, aussi fut-il le premier tué, et peu après lui les autres Français, sur lesquels l'ennemi faisait sa décharge en toute assurance, étant couvert de ce gros rocher il n'en demeura qu'un en vie, mais blessé au bras et à l'épaule, et mis hors de combat; il fut pris et mené par les vainqueurs dans leur pays pour y être la victime de leur fureur et de leur cruauté. » Plus tard, le narrateur connaîtra le même sort.

Voilà à quoi s'exposent les premiers occupants du pays. Malgré tout, la colonisation de l'île avance sous la gouverne d'un intendant sérieux, Jean Talon. En 1661, le nombre d'habitants permet d'ériger une première paroisse, Sainte-Famille. Le recensement de 1666 dénombre quatre cent soixante et onze personnes sur l'île, ce qui dépasse la population de Québec.

Les seigneuries de Beaupré et de l'île d'Orléans sont maintenant scindées; Monseigneur de Laval, premier évêque de Québec, les acquiert en 1668. Il troquera sept ans plus tard l'île d'Orléans pour l'île Jésus, voisine de Montréal. Le nouveau seigneur de l'île, le sieur François Berthelot, donnera le nom de Saint-Laurent à sa seigneurie et en accélérera la colonisation.

GRANDS NOMS

L'île d'Orléans évoque quelques noms célèbres de l'histoire du Canada. Notamment, le sieur Chomedey de Maisonneuve refuse au gouverneur Montmagny d'établir une colonie sur l'île. Mère Marie de l'Incarnation, en route vers Québec pour y fonder le premier hôpital, fait escale sur la pointe ouest de l'île, juste en face de Québec. Pour que son arrivée ne passe point inaperçue, on « mit le feu dans le bois, ce qui fit voir à Québec qu'il y avait quelque chose d'extraordinaire ». Marie Parrot, la mère de notre illustre Madeleine de Verchères naît dans la paroisse Sainte-Famille où elle épousera, quatorze ans plus tard, François Jarret de Verchères. De Gabriel Gosselin, l'un des premiers colons de l'île, sera issue une abondante descendance dans laquelle on compte cent trente-deux prêtres. Les Gosselin cultivent toujours la même terre.

Quel émoi Anne Émond causera-t-elle dans ce milieu pudique! À peine âgée de seize ans, alors que son fiancé se voit appelé sous les drapeaux, elle se travestit en homme et se rend à Québec où elle tente de détourner le gouverneur Frontenac de son projet militaire contre les Iroquois en annonçant une attaque imminente par les Anglais. Découvrant son imposture, on l'arrête et, à la suite d'un procès, elle sera battue de verges.

ROUTE DE CEINTURE

En 1689, le sieur Robert de Villeneuve, ingénieur du Roi, est chargé d'évaluer les mesures exactes de l'île d'Orléans et d'en dresser le plan. La carte de l'arpenteur montre des habitations déjà serrées les unes contre les autres sur presque tout le pourtour de l'île, de même que l'emplacement de quatre paroisses, mais très peu de routes si ce n'est un chemin traversant la partie ouest et quelques bouts de route sur la rive sud : le bateau est encore le moyen de transport le plus courant. En 1744, la route de ceinture, le Chemin du Roy, sera construite.

C'est à l'ingénieur Voyer que seront confiés les travaux à la suite d'une réquisition de Louis Laverdière, officier de milice, Joseph Fortier, notaire

Pages suivantes :
La pointe de l'île Madame et la rive sud vues de Saint-François-de-l'Île-d'Orléans.

Goélette au quai de Saint-Laurent. Cette paroisse était jadis célèbre pour ses constructeurs de bateaux.

de l'île d'Orléans, et des dénommés Charles Plante, Pierre Terrien, François Plante, Louis Bidet des Roussel, Pierre Genay, Jean Fortier, Guillaume Audet et Barthélémy Terrien, tous habitants de la paroisse de Saint-Jean en ladite île d'Orléans : « ... nous ont unanimement dit qu'ils n'avaient de chemins praticables tant pour l'esté que pour l'hiver, les chemins estant pleins de détours et de circuits... ce qui les rallonge considérablement, interrompt les communications des habitants... et met les malades en risques d'estre privés des faveurs spirituelles de leur pasteur et de la sage-femme, comme de vaquer librement à leurs affaires, ayant journellement besoin dans les dites costes. »

SOUS LA BOTTE ANGLAISE

L'ingénieur n'épargne rien et construit le chemin du Roy sur vingt-quatre pieds de largeur, à peu de choses près comme il nous apparaît aujourd'hui,

tarmacadam en moins. Les quelque deux mille cinq cents habitants cultivent allègrement, fondent leur famille et assistent à la messe le dimanche. Rien ne semble déranger la vie pastorale de l'île d'Orléans jusqu'à ce que la France, peu soucieuse de ses « quelques arpents de neige », se voie damer le pion par l'Angleterre. Un jeune général du nom de Wolfe traverse l'Atlantique, regroupe sa flotte au bas du fleuve et s'apprête à l'attaque de Québec. En mai 1759, toutes les paroisses en aval de Québec reçoivent l'ordre de contraindre les cultivateurs et les chefs de famille à bâtir des refuges dans les bois et à les approvisionner afin de s'y rendre avec leurs effets et leur bétail dès que les voiles ennemies pointeraient à l'est. L'île d'Orléans se trouve entièrement évacuée, hommes, bêtes et contenu des greniers.

La batture de la rive sud à marée basse.

Estimant à juste titre que l'ennemi s'y installerait, on évite par là de lui assurer les vivres.

Bien que l'ennemi soit encore loin, on procède avec précipitation. Les gens et leurs biens sont rassemblés à une extrémité de l'île avant même que les bateaux soient affrétés. On perd le gros du bétail et, dépourvus d'abris, plusieurs périssent.

Installés à Charlesbourg, les survivants voient les « habits rouges » brûler leurs propriétés. Débarqué le 27 juin, Wolfe installe son armée sur l'île, et fait raser granges et maisons. Parmi les quelques demeures épargnées, on compte le tout récent manoir Mauvide-Genest. Même les églises sont profanées et saccagées.

La guerre fait rage tout l'été, et Montcalm est vaincu aux Plaines d'Abraham le 13 septembre. La France a perdu sa colonie pour toujours. Dans la tristesse, les habitants retournent dans leur île. Ils récupèrent à peine le quart de leur bétail et les moissons n'auront pas lieu cette année-là. Des cabanes provisoires permettront de passer l'hiver en attendant de tout reconstruire quand viendra le printemps. Il faudra des décennies pour qu'on retrouve la prospérité d'autrefois à force de courage et de labeur.

Pendant tout le siècle suivant, les insulaires pratiquent une agriculture de subsistance; une ferme est considérée bonne quand elle procure l'auto-suffisance. On ne saurait survivre sans le sol dont on tire les céréales de blé, d'avoine et de maïs ni sans la viande du bétail, la laine des moutons, la toile du lin ou le poisson du fleuve. Le troc est courant, car l'argent est rare; à peine vend-on un peu de bois et quelques catalognes à Québec. Comment dès lors ne pas vénérer sa terre?

L'AUBE DE L'INDUSTRIALISATION

Des talents de chacun émergent des métiers et des artisans : chaloupier, forgeron, menuisier, charretier, tanneur, cordonnier, boucher; on trouve même un boulanger à Saint-Jean dès 1834. La navigation reste dangereuse sur le Saint-Laurent; le trafic maritime augmentant, la profession de pilote devient très lucrative. À l'instar de René Maheu, premier pilote de l'île d'Orléans installé en 1651, plusieurs naviga-teurs s'établissent sur l'île tout en y introduisant de l'argent neuf. Pourquoi à l'île précisément? Parce que c'est le point d'inspection des navires à leur entrée au Canada et l'on profite de cet arrêt pour confier la proue aux pilotes spécialisés dans la navigation du Saint-Laurent soit en aval, soit en amont.

Comme les autres Québécois, les insulaires relèvent la tête après 1860, alors qu'un premier système scolaire à l'échelle provinciale se trouve ébauché. On commence aussi à penser aux indus-tries. Une fabrique de beurre, d'abord, en 1896, puis un peu plus tard une fabrique de fromage affiné bientôt réputé. L'île d'Orléans se voit déjà non seulement comme le garde-manger de la ville de Québec, mais comme la banlieue industrielle d'une

Malgré l'attrait exercé par la ville toute proche et malgré l'importance qu'a pris le tourisme au cours de ce siècle, l'agriculture demeure la principale activité économique de l'île d'Orléans.

future métropole, à la manière des grandes villes américaines. C'est du moins la vision de l'abbé Louis Édouard Bois, l'un des historiens de l'île à qui l'on doit ces lignes éthérées publiées dans le *Journal de Québec* en 1864 : « Soit que le touriste ou l'étranger contemple ses rivages gracieux ornés d'une large ceinture de blanches maisons et d'élégantes villas, ses champs fertiles qui s'élèvent par des pentes ondulées formant une espèce d'amphithéâtre recouvert de jardins, de vergers, de prés verdoyants, et couronné par les restes précieusement conservés de l'antique forêt; soit qu'il tourne ses regards vers le sombre et majestueux cap Tourmente, la superbe et bruyante chute Montmorency, ou sur les riches campagnes de la rive sud du Saint-Laurent, il voit se dérouler, de-vant ses yeux étonnés, une succession aussi variée qu'inattendue de sites enchanteurs, de perspectives gracieuses, d'horizons charmants et grandioses qui le ravissent et le forcent d'admettre que cet heureux coin de terre, négligé si longtemps par les citoyens de Québec, est destiné, dans un avenir rapproché, à

devenir pour cette dernière ville ce que Brooklyn est à la capitale commerciale des États-Unis. »

Dieu merci, il n'en est rien. Il y a bien à Saint-Laurent des chaloupiers dont les canots à glace sont de vrais bijoux et de réputés constructeurs de goélettes, mais le chantier maritime émerge à peine, et ses constructions joueront de malchance. Vu l'abondance du bois de belle taille et la proximité de grands cours d'eau, le Canada prête tout à fait aux chantiers navals. En 1744, M. Chaussegros de Léry, ingénieur de la Nouvelle-France, suggère la construction de deux cales sèches, l'une sur la rivière Saint-Charles, à Québec, et l'autre au bout de l'île d'Orléans, à l'anse du Fort.

Presque un siècle plus tard, deux Écossais, les frères John et Charles Wood, érigent un chantier maritime à l'endroit recommandé, c'est-à-dire sur la pointe ouest de l'île. Le *Columbus* coulera en juillet 1828 et le *Baron-Renfrew*, l'été suivant.

Les deux vaisseaux, chargés de précieuses cargaisons de bois, ayant fait naufrage dès leur première traversée, les frères Wood renoncent à construire d'autres navires au Canada. Ainsi s'évanouissent les rêves d'industrialisation de l'île d'Orléans jusqu'à ce que d'étranges industriels allemands ne les attisent à nouveau.

L'ÎLE D'ORLÉANS, REPAIRE D'ESPIONS

Bien avant la Première Guerre mondiale, des espions allemands observent l'est du Canada. On cherche des sites propices à l'attaque de la colonie anglaise. Or, l'île d'Orléans présente beaucoup d'avantages : de sa pointe est, on peut surveiller la circulation maritime, apercevoir de loin tout navire remontant vers les Grands Lacs et examiner de près ceux qui en viennent.

Un beau jour, en 1911, un émissaire du nom de Edward Slade arrive à l'île à titre de représentant d'industriels désireux d'y installer une usine de produits en béton. La pointe est, estiment-ils, serait l'endroit idéal : on tirerait l'électricité de la chute Montmorency, le sable des rives de Saint-François, et les gens de l'île pourraient produire des tuyaux de ciment destinés au Canada et aux États-Unis. Un quai en eau profonde permettrait aux bateaux d'en prendre livraison.

« Ah! la belle affaire », se serait exclamé le brocheton de la fable. Le projet sourit aux édiles

municipaux qui accordent des exemptions de taxes foncières pour les vingt ans à venir. Contre une lourde hypothèque, la *Cement Products Co. Limited* construit une usine à Saint-François où, effectivement, on produit des tuyaux et des tuiles de béton. Une trentaine de manœuvres sont des insulaires, mais la dizaine de contremaîtres vient d'Allemagne; d'ailleurs, ils s'affairent intensément autour de papiers et de plans. Ces gens polis, de voisinage agréable, mais peu bavards, ont pris pension à Saint-Jean où, incidemment, a lieu l'inspection des bateaux.

Un beau jour de l'automne 1913, les paysans de Saint-François voient passer trois cavaliers aux

Émeraude gigantesque montée sur un socle de granit, l'île d'Orléans reste le joyau du Saint-Laurent.

montures alertes qui franchissent d'un bond gracieux les plus hautes clôtures. On apprendra plus tard que le cousin du Kaiser lui-même, Georg Von Polenz, dirige le petit groupe. Ainsi, galopant de la grève au boisé adjacent, les espions examinent-ils à leur aise la topographie du terrain, le relief du milieu et l'ampleur du panorama. Quant au dessinateur Rhundhein, il détaille la carte des rivages à partir de son petit bateau à voile.

Beaux hommes, les Allemands se lient d'amitié avec une jeune Anglaise qui les surprend un jour à remplir leurs valises de cartes. Au moment des adieux, l'un d'eux, chevaleresque, invite la demoiselle à les suivre en Europe. Refusant, elle voit aussitôt le jeune homme dessiner un cœur sur sa malle; elle saisit la craie et dessine à son tour une flèche en travers du cœur. Après quoi, elle s'empresse d'aviser l'*Intelligence Bureau* non sans décrire les bagages et leur contenu. Les espions sont arrêtés à Halifax; l'usine ferme ses portes le jour même et, outre une hypothèque impayée, il restera sur l'île un éléphant blanc au plancher en béton armé de quinze pieds d'épaisseur, qui était apte à recevoir la plus lourde pièce d'artillerie allemande, la célèbre *Grosse Bertha*!

LA VIE D'AUTREFOIS

L'île d'Orléans est longue de trente-quatre kilomètres et, à certains endroits, large de huit kilomètres. On lui prête volontiers la forme d'une huître. « C'est parce que, jadis, elle était dans la mer », dirait un farceur. Il n'aurait pas complètement tort. Dans les temps lointains, deux cents mètres d'eau provenant de la fonte des glaciers couvraient le pays tout entier. En se retirant, les courants, dans un

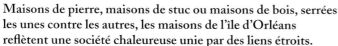
Maisons de pierre, maisons de stuc ou maisons de bois, serrées les unes contre les autres, les maisons de l'île d'Orléans reflètent une société chaleureuse unie par des liens étroits.

prodigieux tourbillon entre le cap Diamant et le cap Tourmente, façonnèrent le relief de l'île, laissant par endroits, sable, argile, limon et débris calcaires d'êtres vivants. Pas étonnant que ce gigantesque « fruit de la mer » montre une telle fertilité.

Le climat de l'île d'Orléans est plus doux que celui de Québec, pourtant à deux pas. On le sent bien à la fonte des neiges; l'air froid des Laurentides encore enneigées déferle sur la vieille capitale pendant que l'air déjà chaud du sud-ouest descend le *Grand fleuve* et caresse les premières pousses de l'île.

Vaste, l'île prête à la formation des rivières. Les sources et les rivières de l'île sont d'autant plus précieuses qu'elles ont le monopole de l'eau douce, les rives étant baignées d'eau salée. Bien que modeste, le plus important cours d'eau fait huit kilomètres de

longueur. Il s'agit de la rivière appelée Dauphine en l'honneur de Mme la Dauphine de France par M. Berthelot, l'un des premiers propriétaires de l'île et ancien secrétaire des commandements de la dame. Petit cours d'eau, la rivière du Moulin se jette dans le fleuve à la hauteur de l'anse Argentenay qui avait son moulin jadis. La Grande Rivière et la Petite Rivière, la rivière Pot au Beurre, la rivière Maheu et le ruisseau des Terres Noires complètent la nomenclature des cours d'eau de l'île.

Des aborigènes cultivaient l'île d'Orléans, alors appelée Minigo, dès la période sylvicole, c'est-à-dire cinq siècles avant notre ère. Un site archéologique à la grotte d'Argentenay témoigne d'une occupation intensive puisqu'on y a trouvé un outillage lithique et de la poterie diversement décorée.

Les premiers colons de l'île (de 1635 à 1666) viennent du Perche. Ils sont cultivateurs, charpentiers, maçons ou taillandiers; ils ont apporté des

outils, quelques meubles et un peu de capital. Le second flot d'immigrants se compose de sans-le-sou : c'est le régime des « engagés » ou des « trente-six mois ». Pierre Boucher relate que la plupart des colons de son temps sont une main-d'œuvre à gages. Selon le Conseil souverain de 1664, tout navire de commerce doit transporter des hommes de peine à raison d'un par dix tonneaux. Au recensement de 1664, on compte quatre cent un engagés dans la colonie naissante. Ils viennent de l'ouest de la France : de la Normandie, du Perche, du Poitou, de la Picardie, autant de régions côtières. Ils embarquent à Honfleur, à Dieppe ou à La Rochelle.

Les premières maisons sont en bois, mais grâce à l'arrivée de maçons, elles seront bientôt en pierre. D'autant plus que des cailloux ronds, usés et déposés par l'eau, roulent sous le soc des charrues. Tout en libérant le sol, les convertir en matériau de construction assurera aux familles une bonne protection contre le feu.

Car la peur du feu joue même sur le style architectural. Si, en France, on relie la maison, la grange et l'étable pour se protéger du froid, ici, c'est la hantise du feu qui l'emporte. Faut-il braver le vent, le froid et la neige pour se rendre aux bâtiments, ils seront séparés de la maison. On entoure les maisons plutôt petites d'une immense véranda couvrant deux ou trois faces. De mai à octobre, on s'y assoit aux heures libres pour contempler la mer ou les champs et surtout pour accueillir les voisins. Car, après les pratiques religieuses, le voisinage est la plus constante activité sociale.

La maison est divisée en pièces « d'hiver » ou « grand'maison » et cuisine d'été. La « maison d'hiver » est pourvue d'une meilleure isolation thermique. La « cuisine d'été » est plutôt sobre : elle comporte un poêle et une grande table qui doit accueillir les membres de la famille et les « hommes

Plus de trois siècles d'histoire s'inscrivent dans les maisons de l'île dont certaines sont de véritables monuments de notre architecture.

engagés ». La « grand'maison » abrite le four à pain; on y loge tous les meubles et objets de valeur. C'est là qu'on reçoit les visiteurs de marque et qu'on expose les morts. Aussi les ménagères veillent-elles avec un soin jaloux à la propreté et à l'ordre.

La cuisine des « grand'maisons » est immense par rapport aux modèles contemporains. C'est un véritable *living room* dans lequel on trouve la table et ses deux bancs latéraux, l'évier, le poêle, le four, la huche à pain, plusieurs chaises « berçantes » et le métier à tisser. Au centre, une trappe qui mène au grenier et une échelle suspendue entre les poutres, sans oublier, près de la porte, le « banc du quêteux ».

Être « quêteux », c'est-à-dire mendiant itinérant, n'a rien de honteux. On reçoit avec empressement les hommes et, quelquefois, les femmes qui mendient; un banc pouvant servir de lit est à leur disposition à l'entrée de toutes les maisons. Ils peuvent arriver ou repartir la nuit, puisque, depuis la paix avec les Amérindiens, on ne barre plus les portes. Souvent, le « quêteux » se montre fin conteur; il colporte les nouvelles, les rumeurs, les légendes, les recettes et les remèdes glanés ici et là. Peu doué pour le travail manuel, il porte souvent une âme d'artiste qui contraste avec le caractère rangé des insulaires. Le « quêteux » repasse chaque année; on finit par le connaître et espérer son retour.

Fragile et complexe, le métier à tisser représente l'un des instruments les plus précieux que les hommes, selon le témoignage de Marie de l'Incarnation, sont les premiers à utiliser. Quand les hommes seront davantage occupés pendant l'hiver, les femmes prendront la relève. Elles tissent le lin, tricotent la laine et, quelquefois, réunissant les deux fibres, elles produisent une étoffe originale appelée « droguet ». À partir des restes de toile et de vêtements usagés, on tisse aussi la catalogne utilisée d'abord comme couvre-lit, puis au XIXᵉ siècle, comme tapis.

Comme la couleur n'est pas sans importance, on fabrique des teintures extraites de certaines plantes et d'autres éléments parfois inattendus : la pelure

d'oignon pour le jaune; la betterave pour le mauve; le cerisier et la pruche pour le brun et l'urine des garçons pour l'indigo! Le gris est obtenu en tissant deux parties de blanc pour une partie de noir, et suivant la même technique, plusieurs autres couleurs.

La laine sera plus confortable si on la foule à l'eau chaude savonneuse au moyen d'un « maillet à foulon »; bientôt c'est au moulin à carder et à fouler que ces opérations ardues seront laissées. La femme de l'habitant porte une jupe de droguet brune ou grise, un polka ou mantelet à encolure ronde, un tablier de lin blanchi et un bonnet blanc, été comme hiver. Sur ses épaules, un châle gris et aux pieds, des bas de laine tout au long de l'année. Les dimanches, une jupe de flanelle noire et une blouse à manches bouffantes composent sa tenue de sortie. À l'église, ses épaules sont recouvertes d'une collerette de cachemire ou d'un manteau proche du mouton de Perse : l'illusion est créée par des frisettes de laine

noire fixées à l'aiguille sur une toile de lin. On tresse aussi des chapeaux de paille.

L'homme porte une culotte bouffante resserrée aux genoux afin de pouvoir la glisser dans des bottes sauvages. L'été, il porte des souliers de bœuf, les mêmes culottes, une chemise à carreaux et un chapeau de paille. Le chapeau d'hiver sera un « tapabord », feutre à large bord rabattu sur les épaules, contre la neige et le vent. Jusqu'à l'âge de deux ans, garçons et filles portent la robe, puis on leur procure les vêtements qui conviennent à leur sexe selon le modèle adulte.

LES FILLES DU ROI

Si la première vague d'immigrants comporte surtout des couples, quant aux « engagés », ils ne sont pas mariés et on a toute raison de croire qu'ils rentreront chez eux s'ils ne dénichent pas l'âme sœur dans la colonie. La cour décide donc d'envoyer des filles à marier en Nouvelle-France.

Les premières viennent des hospices des grandes villes. On imagine le traumatisme infligé à ces pauvrettes que rien ne prépare à un tel sort. L'échec est total. On s'avise alors de recruter en Normandie et en Bretagne des filles de paysans déjà rompues aux travaux de la terre. Ce choix est judicieux, car en plus de leur résistance physique et de leur savoir-faire, elles ont du caractère et ce trait marquera le style des gens de l'île d'Orléans.

Sous la garde de matronnes, cent jeunes filles arrivent à Québec en 1665 et se marient peu de temps après. Deux cents s'ajoutent l'année suivante; quatre-vingt-douze en 1668 et cent cinquante avec Mme de Bourdon l'année d'après.

Toute la législation coloniale tend à favoriser les mariages et la fondation des familles. Des faveurs reviennent aux pères qui marient leurs enfants en bas âge : seize ans pour les garçons et quatorze pour les filles. Le roi offre un cadeau aux couples qui engendrent un dixième enfant. Les notables assistent aux mariages et considèrent comme un honneur d'apposer leur signature au contrat. Les noms du gouverneur, de l'intendant, des conseillers, des juges côtoient ceux des plus humbles colons.

LA CUISINE

Plus la survie est difficile, plus manger prend de l'importance. Une grande part de la vie quotidienne est axée sur la cuisine. La table familiale, construite de main d'homme, est en pin et munie de deux bancs latéraux qu'on enjambe pour prendre place. Une chaise est placée à chaque extrémité : l'une pour la maîtresse de la maison qui vaque au service et l'autre, en face de la porte, pour le maître qui peut de la sorte reconnaître tout visiteur et décider des honneurs qui lui seront adressés.

Sur la table, des assiettes, des gobelets et des ustensiles en étain, moulés sur place. Des fondeurs passent de temps en temps avec leurs creusets

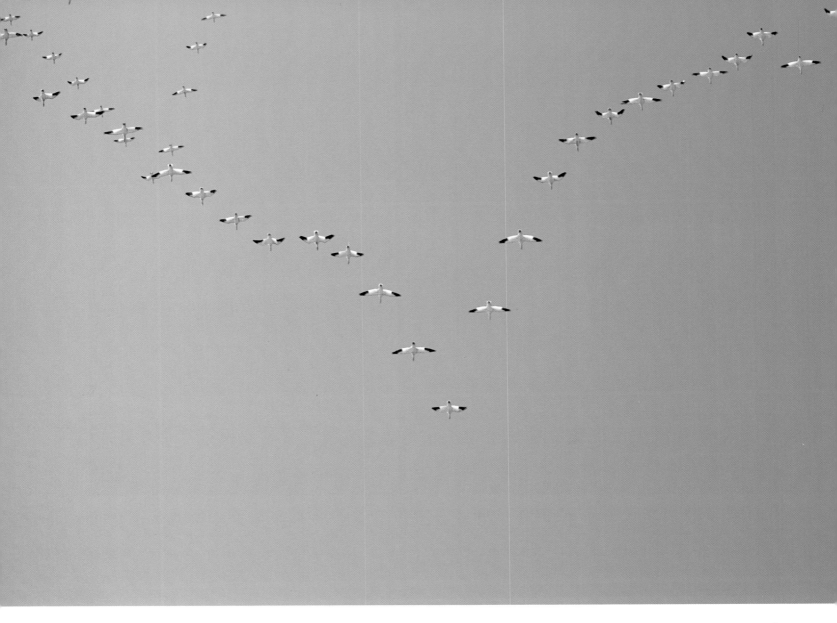

portatifs. Ils fabriquent des couverts neufs ou refondent ceux dont le métal est usé.

Poisson et gibier constituent des mets de choix selon les saisons. On chasse le canard et l'oie sur les battures du nord de l'île et on pêche sur les hauts-fonds du sud. L'anguille, le bar, le doré et l'esturgeon foisonnent; on les sale ou on les fume. Déjà, les aborigènes pêchaient l'anguille à l'aide de fascines et les Blancs font de même. Bientôt la pêche à l'anguille compte pour la première ressource de la mer; le poisson servira même de monnaie d'échange.

La consommation du gibier et du poisson permet de réserver les bêtes de la ferme pour la reproduction. Une fois les troupeaux constitués, la viande domestique devient la base de l'alimentation, surtout le porc dont le lard salé ou le jambon fumé se conservent bien.

Comme dans la mère patrie, la poule-au-pot régale aux jours de fête. Chaque cuisine possède une tourtière, cocotte ronde servant à faire des tourtes avec de la viande de gibier, de la sauvagine et des « oiseaux blancs ». Le nom de l'ustensile sera donné au plat.

Les fidèles, et ils l'étaient tous, observent les quarante jours du carême avant Pâques. Dans son catéchisme, Monseigneur de Saint-Vallier fixe l'interdiction de manger de la viande ou des œufs.

Tout contrevenant peut être dénoncé et puni publiquement : par exemple, Louis Gaboury sera condamné à une amende de soixante livres destinées à son voisin pour l'avoir scandalisé. Cette rigueur, quoique atténuée avec le temps, limite encore à deux onces le matin et quatre onces le soir la nourriture quotidienne des habitants au début du XXe siècle. Quelle n'est pas l'attente du jambon de Pâques!

Chaque vendredi, l'habitant vend ses surplus au marché de Québec où ses produits sont toujours en demande. Chaque famille possède une barque qu'on soumet avantageusement aux cycles de la lune : la marée montante facilite son transport jusqu'à la ville et la marée descendante soutient le retour à la maison. Dans l'intervalle, on a vendu sa viande en quartiers, ses fruits et ses légumes, le miel et les produits de l'érable, sans oublier les objets de l'artisanat féminin. En revanche, on s'est procuré de l'huile, de la mélasse et seulement un peu d'eau de vie, car chacun a son petit alambic pour fabriquer la « bagosse ».

Une chasse caractéristique se pratique sur l'île d'Orléans. Au printemps, quand reviennent les bandes de bruants des neiges (*Plectrophenax nivalis*), les femmes et les enfants tendent des lignettes et répandent des graines de mil sur ce qui reste de neige. Au retour de l'école, mamans et marmots courent capturer ces délicieux petits oiseaux qui rappellent les ortolans de France. Une lignette est un cerceau en bois, d'environ soixante centimètres et quadrillé de ficelles. Au treillis sont attachés des crins de cheval dont l'extrémité porte un nœud coulant où se prendront ces oiseaux. Parmi ces pièges, on dispose des cages d'oiseaux vivants en guise d'appelants. On peut prendre jusqu'à cent douzaines d'oiseaux par jour, soit mille douzaines par saison. Après les avoir soigneusement plumés, on les enfile en couronnes et on les vend au marché de Québec, chaque année un peu plus cher. En 1917, une loi destinée à protéger les oiseaux vise à faire cesser ce commerce avantageux qui, néanmoins, se poursuivra pendant un autre demi-siècle.

LES FÊTES

À l'île d'Orléans, on sait fêter. L'année est ponctuée de célébrations de toutes sortes.

Les « noces », en particulier, donnent lieu à de grandes réjouissances. Très tôt le samedi matin, lendemain du marché et veille du seul congé de la semaine, parents et amis des deux familles revêtent leurs plus beaux atours et se rendent à l'église de la paroisse du marié où auront lieu les cérémonies d'usage.

La fête se déroule dans la famille de la mariée. Tous participent aux agapes, sauf le nouvel époux, son beau-père et sa belle-mère qui servent tous trois la mariée. Après le repas, on chante, on danse, on « déclame » les plus mémorables événements de l'île. La journée finit sur le repas des « survenants », c'est-à-dire les plus éloignés des invités qui s'amènent avec des cadeaux ou des victuailles. Le lendemain, la fête reprend dans la famille du marié où s'installe généralement le jeune couple en attendant d'acquérir sa propre ferme.

Au calendrier liturgique, Noël est le plus fêté des temps forts. Il marque, en effet, la fin d'une année, le début d'une autre, et cela mérite qu'on s'arrête. On va se confesser avant la messe de minuit. Entre les deux sacrements, les hommes et les jeunes gens se rassemblent autour de la « tortue », gros poêle de fonte installé au milieu du magasin général. Souvent plus dévôts, les vieillards et les femmes récitent les « mille *Ave* » à l'église. À minuit, le curé célèbre les trois messes rituelles dont une « grande » et deux « basses ». On retourne chez soi au milieu de la nuit, parfumé d'encens et des grâces du Seigneur nouveau-né. C'est avec impatience qu'on attend maintenant le jour de l'an, fête familiale sans pareille. La veille, on passe la guignolée. Des bénévoles frappent aux maisons en chantant et en menaçant d'enlever la fille aînée de quiconque se montre avare. On donnera les fruits de la cueillette aux familles pauvres; c'est pourquoi le maître de la maison glisse dans le grand sac la « chignée », c'est-à-dire l'échine d'un porc frais.

Tous réunis dans la maison familiale, on demande la bénédiction du père qui, très digne, la donnera comme il se doit dans une société patriarcale. L'émotion passée, on prend un « petit coup » avant de passer à table. Alors, la mère et ses filles servent les plats traditionnels : tourtières, ragoût, croquignoles, tartes et desserts au sirop d'érable. Puis arrive enfin l'échange de cadeaux : jouets de bois menuisés par le père et vêtements tissés par la mère.

Le temps des Fêtes se termine le 6 janvier avec les Rois qui, c'est une tradition, ramènent invariablement une tempête de neige. Comme on profite de cette fête pour visiter les amis et les parents du « continent », la tempête prolonge le voyage de quelques jours, ce qui ne chagrine personne.

Puis on retourne aux tâches habituelles jusqu'au Mardi gras, veille du carême. Selon les paroisses et l'humeur de la population, on organise un carnaval, histoire de se faire un peu de plaisir avant la période de jeûne. L'événement de la soirée, c'est le passage des « mardi gras », jeunes gens masqués et déguisés qui représentent le diable ou des loups-garous. La soirée finit sur la danse du Mardi gras. Après quarante jours de jeûne et d'abstinence, les œufs de Pâques et le jambon sont bienvenus. D'autant plus que cette fête fixée par les phases de la lune coïncide souvent avec le temps des sucres. À défaut de canne à sucre, on extrait le sucre des érables, suivant l'exemple des indigènes. Le sirop, la tire et le beurre d'érable ne manqueront pas de traverser les siècles à venir.

Toutes les fêtes importantes sont célébrées pendant la saison morte et la dernière ne sera pas la moindre. Le dernier jour d'avril, quatre paroissiens viennent en grandes pompes demander au seigneur ou au capitaine de la milice la permission de planter à sa porte un sapin de belle taille surmonté d'une girouette. Honoré par cette démarche, le notable ne refuse jamais. Au matin du premier jour de mai, on plante solidement le conifère, appelé « mai » pour l'occasion, feu de salve, puis on lève son verre en l'honneur de l'été.

Un des événements les plus dramatiques de toute l'histoire de l'île d'Orléans survient à l'occasion d'un mariage. Le 15 octobre 1787, un jeune cultivateur de l'île, Louis Beaudoin dit Louison, épouse Agnès Paré de la Côte de Beaupré. Selon la coutume, la fête se déroule d'abord chez les parents de la mariée pour continuer le lendemain chez ceux de l'époux. En l'occurrence, cela implique la traversée du bras nord du Saint-Laurent qui n'est pas très large, mais dont les courants peuvent être amplifiés par la marée descendante. Voilà que le vent s'ajoute aux courants et l'embarcation, barrée par un profane et surchargée, chavire laissant au fond treize des quinze occupants dont les nouveaux mariés.

Le récit de cet événement douloureux fera l'objet d'une « déclamation » les jours de grandes fêtes. La complainte serait due à un certain Veilleux, chansonnier rustique de l'époque, ou à Marie-Anne Lepage, citoyenne de Saint-François.

Comme on peut le constater, les poètes de l'île ne manquent pas d'éloquence.

SORCIERS ET LÉGENDES

L'île d'Orléans est affublée d'un surnom : « l'île aux sorciers ». Lequel de ses bardes n'a pas tenté d'en trouver l'explication? Louis-Philippe Turcotte, historien de l'île et décédé en 1878, pense que Minigo signifie « coin ensorcelé » en algonquin. Quelqu'un d'autre y voit la déformation du mot « sourcier » vu le grand nombre de sources souterraines dans l'île. L'explication à la fois la plus simple et la plus crédible est la suivante : les insulaires pêchent l'anguille durant la nuit près de la rive sud de l'île et, suivant les marées, ils doivent aller vider leurs fascines. Les habitants de la côte sud, relativement éloignée, perçoivent la lumière jaunâtre et vacillante des fanaux comme autant de « feux follets ». La légende veut en effet que, sous la forme de lueurs fugitives, l'âme des marins damnés vienne hanter les lieux où ils ont jadis bourlingué.

1. Peuple chrétien, écoutez la complainte
D'un honnête homme qui vient de se marier :
Par un dimanche, la veille de ses noces,
À la grand-messe on l'a vu communier.

2. Après la messe, il avertit son monde,
Les gens qu'il avait invités.
Son frère aîné arrivant à sa porte,
Le cœur lui crève, il se met à pleurer.

3. Mon cher Louison, qui va le recevoir?
— Mon frère aîné, qu'avez-vous à tant pleurer?
— Ah! Mon cher frère, je déplore votre sort,
Que le malheur ne soit pas comme à moi.

4. Voilà onze ans que je suis en ménage,
Jamais la paix n'a pu régner chez moi.
Si vous voulez quitter ce ménage,
Je vais payer tous les frais qui sont faits.

5. Mon très cher frère, retenez donc vos larmes,
Venez avec moi, vous êtes mon aîné,
Étant partis, Dieu préserve le naufrage,
Les voilà donc à bon port arrivés.

6. Le lundi vient, faut aller à la messe :
Les mariés, les voilà fiancés.
Sont revenus à la maison des noces,
Se divertir et prendre du plaisir.

7. Le lendemain, le lendemain des noces,
Quel triste jour et quel fatal retour!
Sont embarqués tous avec allégresse;
Quinze se sont mis dans la chaloupe à Louis.

8. Ce cher Louison, par trop de complaisance,
Laisse gouverner par un novicier,
En déboutant la pointe à Porte-Lance,
Mal gouvernée, la chaloupe a chaviré.

9. Un orphelin qui était dans la barge,
S'est écrié : — Mon Dieu, faut-il périr!
Faut-il périr à la fleur de son âge,
Faut-il périr si près de ses amis!

10. Treize ont péri sur le bord du rivage,
Treize ont péri dans la mer, engloutis,
De tous côtés on voit venir le monde,
Gens de Beaupré qui les voient traverser.

11. Tout le rivage était mouillé de larmes,
Quand tout chacun reconnaissait les siens.
On a trouvé le mari et sa femme,
Son frère aîné, l'orphelin avec lui.

12. Joseph Paré vient ramasser sa femme,
Deux de ses sœurs, trois de ses chers enfants.
— Ma chère enfant, faut-il que ton alliance
Nous ait causé tant de mortalités.

13. Ils croyaient bien ce soir souper ensemble,
Se divertir et prendre du plaisir.
La table est mise, qu'on l'ôte en diligence,
Les draps seront pour les ensevelir.

Une des plus anciennes légendes de l'île remonte à l'occupation de Wolfe en 1759; c'est Pierre-Georges Roy qui nous l'a laissée. « C'était la veille de la bataille de Montmorency. Une jeune fille de Beauport était venue rencontrer son fiancé, soldat aux avant-postes de l'armée française, qu'elle n'avait pas vu depuis plusieurs semaines. Le lendemain soir, quand on fit le relevé des morts et des blessés, on ne trouva pas le jeune soldat. Peut-être avait-il été fait prisonnier par les Anglais. En tout cas, on n'en trouva aucune trace.

Quelques jours plus tard, la jeune femme trouva le corps de son fiancé sur les bords de la rivière, au pied de la chute. Était-il mort en tentant de la rejoindre? Prise de désespoir, la jeune fille erra pendant plusieurs jours dans les environs de la chute écumante. Puis elle disparut. On ne retrouve jamais les malheureux qui tombent dans la chute Montmorency, le courant puissant les retenant au fond de l'abîme. Toujours est-il que peu après la disparition de la jeune fille, les habitants de l'île d'Orléans crurent apercevoir une ombre blanche errer la nuit sur les grèves : comment ne pas y voir la fiancée inconsolable? Dans bien des familles on récite le chapelet tous les soirs à son intention. »

Dans une société marquée par la piété religieuse, le « Prince des ténèbres » ou Satan réussit toujours à se faire une place. Les paroissiens de Saint-Laurent le font même contribuer à bâtir une église, comme en témoigne le docteur Larue. « En ce temps-là, on construisait l'église de Saint-Laurent. Près de cette église se trouvaient des coteaux très abrupts et d'une montée difficile. Les chevaux en avaient tout leur roide pour charroyer les pierres sur le chantier. Un jour, le constructeur annonça aux hommes qu'il allait se procurer un cheval très fort qui transporterait à lui seul autant de pierres que tous les autres chevaux ensemble. Peu de temps après on vit venir l'entrepreneur avec un cheval si beau qu'on n'en avait jamais vu de pareil. Il dit aux habitants qui travaillaient à l'église, faites travailler ce cheval tant que vous voudrez mais je vous défends de le débrider. Le

Le nombre et la richesse des églises et des édifices religieux de l'île d'Orléans témoignent éloquemment de la foi profonde des insulaires.

cheval, au cours de la journée, put charroyer dans les coteaux autant de pierre que tous les autres chevaux ensemble. Mais le soir, il paraissait si fatigué, si exténué, si souffrant que son conducteur en eut pitié. Il le conduisit au ruisseau voisin et, pour le faire boire, lui retira sa bride. Mais aussitôt… plus de cheval! De désespoir le conducteur se précipita dans le ruisseau mais… plus de conducteur! Seulement, dans le remous, une grosse anguille. Heureusement, les pierres de l'église étaient toutes transportées sur le chantier, à l'exception d'une qui, depuis lors, a toujours manqué à l'édifice… »

Mais le diable n'hérite pas toujours de tâches aussi nobles. Perpétuellement à la recherche d'âmes à pervertir, il se manifeste de préférence là où la braise guette la chair, au bal, par exemple! « Alors, il prend l'apparence d'un bel homme vêtu de drap fin des pieds à la tête. Il garde toujours ses gants pour cacher ses griffes et son chapeau, pour dissimuler ses cornes, et d'ordinaire il danse avec la plus fringante. Puis au beau milieu d'une danse, un cri perçant se fait entendre et l'individu disparaît, emportant avec lui quelque objet du ménage. Quant à la demoiselle, elle en est quitte pour un coup de griffe. »

LES MOULINS

Les moulins sont les seules machines du temps; sans eux la vie ne serait pas la même. L'île d'Orléans arbore des moulins de toutes sortes, actionnés par l'eau ou le vent. La seule paroisse de Saint-Jean en compte six en 1851 : trois moulins à scie, un moulin à farine, un moulin à carder et à fouler la laine, et un moulin à moudre l'écorce.

Le premier moulin de l'île émerge au tout début de la colonisation; c'est un moulin à vent. Il en est fait mention dans un acte passé le 8 août 1664 entre M. de Lauzon et Charles Pouliot, maître charpentier.

Les documents anciens font état d'un deuxième moulin, à vent est-il précisé, loué par bail en 1694 par le seigneur Berthelot à Jacques Monceau, meunier, et son épouse Marguerite Latouche. C'est le moulin de l'Arbre sec.

Sous le régime français, le moulin est banal, c'est-à-dire imposé au censitaire pour y faire moudre son grain moyennant une redevance. En effet, la construction d'un moulin coûte cher. Seul le seigneur peut envisager un tel investissement et encore à condition que ses censitaires s'engagent à l'utiliser. On y fait moudre non seulement le blé, mais aussi l'écorce et l'on y fait scier le bois. De la mouture d'écorce, on tire le tanin qui a les propriétés d'imperméabiliser et de conserver les peaux tannées. Tanneur, cordonnier, sellier et charpentier sont des métiers courants sur l'île.

Malheureusement, les moulins disparaîtront avec le temps, sauf celui de Saint-Laurent affecté à d'autres usages. Si l'histoire de l'île a été maintes fois écrite, les auteurs se montrent avares de détails quant à celle des moulins.

L'ÉCOLE

L'instruction est hautement considérée à l'île d'Orléans. Les actes notariés montrent que les seigneurs, dans presque tous les cas, prenaient la précaution de faire signer tous les intéressés devant notaire; les papiers officiels portent deux, trois ou même quatre signatures, en somme les paysans d'ici sont tout aussi instruits que leurs contemporains de France.

Très tôt, l'île d'Orléans peut compter sur des maîtres d'école, d'abord itinérants, puis résidants. On croit que François Labernade y enseignait dès 1673; on peut suivre sa trace à travers tout le Québec de cette époque. Les relevés de compte de la paroisse Saint-Laurent font état de frais d'entretien d'un maître à partir de 1676. La tradition des instituteurs itinérants a duré longtemps puisque, en 1858, décède à Sainte-Famille Pierre Descombes âgé de cent onze ans. Né à Bordeaux et ex-soldat de Napoléon, l'instituteur nomade a sans doute battu un record de longévité.

Dès 1685, les Sœurs de la Congrégation de Notre-Dame fondent sur l'île un couvent surtout destiné à l'éducation des filles. L'institution de la paroisse Sainte-Famille sera intégrée plus tard au système scolaire de la région. Les garçons fréquentent l'école des métiers fondée par Monseigneur de Laval à Saint-Joachim et sise à la hauteur de l'île sur la rive nord du Saint-Laurent. Aucune école semblable n'existe, même en France. Quant au cours classique, c'est le séminaire de Québec qui l'offre.

Au sens strict du terme, la première école de l'île voit le jour en 1830 à Saint-Jean. Deux autres écoles sont construites plus tard à chaque extrémité de la paroisse et, en 1855, la première école est érigée en académie. Enfin, en 1875, les Sœurs du Bon-Pasteur fondent à Saint-Laurent le deuxième couvent de l'île. La fréquentation des couvents et du séminaire fait surgir dans ces pieuses familles un nombre exceptionnel de vocations religieuses.

LES PAROISSES DE L'ÎLE

L'île d'Orléans compte aujourd'hui six paroisses. Même si elles ont en commun la culture du sol et les arbres fruitiers, chacune a son histoire ou, du moins, son profil propre. On parle des pommes de Sainte-Famille, des prunes et du fromage de Saint-Pierre, des pêcheurs de Saint-François, des marins de Saint-Jean, des chaloupiers de Saint-Laurent et des villégiateurs de Sainte-Pétronille.

La délimitation d'un territoire en paroisse a lieu longtemps après le début de sa colonisation, c'est-à-dire quand les fidèles sont assez nombreux pour justifier la construction et l'entretien d'une église. Ainsi, Sainte-Famille, colonisée dès 1648, devient une paroisse en 1661 et ne reçoit son église que huit ans plus tard. D'abord rudimentaire, elle fera place à l'église actuelle en 1742. Une des plus anciennes, des plus belles et des plus intéressantes au pays, cette église témoigne par son site, sa taille, son style et ses boiseries de l'immense talent des artisans de l'époque.

Si Sainte-Famille occupe le centre-nord de l'île, Saint-Laurent occupe bientôt le centre-sud. Non seulement la terre est-elle aussi fertile, mais la pêche y est plus variée. Alors qu'on pêche l'esturgeon près

de la rive nord, on trouve du bar, du doré et de l'anguille près de la rive sud.

Une baie étroite et profonde, le trou Saint-Patrice, accueille les bateaux par mauvais temps. En plus d'avoir une réputation d'excellents cultivateurs, les paroissiens de Saint-Laurent se révèlent industrieux. Ils bâtissent de nombreux moulins, un four à chaux, un chantier maritime et plusieurs boutiques de chaloupiers : en 1830, on produit quatre cents chaloupes. Sans compter les indispensables canots à glace auxquels on doit pendant l'hiver la liaison entre les diverses îles de la région, de même qu'entre Lévis et Québec.

Rappelons que le manoir Mauvide-Genest, situé à Saint-Jean, échappa aux foudres de Wolfe. Construit par étapes entre 1732 et 1755, les épouses des trois premiers propriétaires portent le nom de Marie-Anne Genest, d'où le nom de la célèbre demeure.

Le village de Saint-Jean en est un de gens de mer dont les moyens financiers permettent la construction de belles maisons; plusieurs traverseront le temps.

UNE CHICANE DE CLOCHERS

La route des Prêtres conduit de Saint-Pierre à Saint-Laurent. Son nom rappelle une insolite cérémonie religieuse gravée dans la mémoire populaire, comme en témoigne l'abbé Bois. « Vers la fin du dix-septième siècle, Monseigneur de Saint-Vallier fit don à l'église Saint-Paul (aujourd'hui Saint-Laurent) d'une relique, portion d'os d'un bras de l'apôtre saint Paul. Quelques années après, le même évêque changea le vocable de la paroisse en celui de Saint-Laurent, et voulut que saint Pierre et saint Paul fussent honorés dans l'église Saint-Pierre, paroisse voisine, et qu'ils en fussent tous deux les titulaires. M. Dauric, qui était alors curé de Saint-Pierre, demande à M. Poncelet, curé de Saint-Laurent, la relique de saint Paul, s'offrant à lui remettre en retour trois ossements de saint Clément, martyr. L'archidiacre, M. de la Colombière, dans sa visite officielle à Saint-Laurent le 3 juillet 1702, approuva cet échange qui s'effectua le 24 du même mois. La relique de saint Paul fut déposée dans l'église Saint-Pierre, où elle devint l'objet d'une grande vénération.

Cet arrangement déplut néanmoins aux paroissiens de Saint-Laurent qui considéraient la sainte relique comme une propriété inaliénable. Cependant, Monseigneur de Saint-Vallier, dans une lettre écrite de Paris à M. Dauric le 17 mai 1703, approuva ce qui avait été fait.

Quelques années plus tard, un paroissien de Saint-Laurent reporta à Saint-Pierre la relique de saint Paul, et en rapporta furtivement la relique de saint Pierre qu'il plaça dans l'église de Saint-Laurent. Une contestation sérieuse s'éleva alors entre les habitants des deux paroisses. On en appela au jugement de l'évêque de Québec qui, après mûre délibération, décida que chaque relique serait rendue à son église respective. Il ordonna donc que la population de Saint-Pierre et celle de Saint-Laurent se rendraient au milieu de la route des Prêtres, à un jour convenu, en procession solennelle, et que là on échangerait les reliques, qui seraient ensuite reportées, avec égale solennité, chacune dans son église.

Tout ceci fut exécuté à la lettre. La grande croix qui se trouve sur ce chemin, à mi-distance entre les deux églises, indique l'endroit précis où les habitants des deux paroisses se rencontrèrent en cette mémorable circonstance. »

Cet incident illustre mieux que tout autre l'attachement des gens de l'île d'Orléans à leur bien, mais aussi leur soumission aux décisions de leur pasteur.

LA VIE MODERNE

La victoire de Wolfe en 1759 scelle définitivement le sort de la Nouvelle-France qui devient une colonie anglaise l'année suivante. Pendant que les paysans retournent à leur ferme et reconstruisent maisons et bâtiments, les Anglais prennent les postes de commande et s'accaparent les centres de profits. Un siècle s'écoule et, peu à peu, la vie moderne s'immisce partout. Ainsi, les Anglais de Québec, qui ont de l'argent et du temps pour en jouir, découvrent-ils à l'extrémité ouest de l'île un fort joli coin peu fertile. Là, on peut profiter du suroît tout en gardant un œil sur ses avoirs bien alignés au pied du cap Diamant. En 1885, un premier quai émerge de l'extrémité ouest de l'île; des traversiers à vapeur accosteront désormais au quai Boivin pour y déposer les villégiateurs. Un premier hôtel surgit, le *Château Bel-Air* aux environs duquel se multiplient les résidences d'été. Un hôtel encore plus grand et de style victorien le remplace en 1895. On l'appelle aujourd'hui *La Goéliche*.

En 1935, on relie l'île à la côte de Beaupré par le pont actuel. Alors, c'est la fortune : non seulement les habitants transportent-ils plus facilement leurs produits à Québec, mais les gens de la capitale viennent désormais les acheter sur place, découvrant du même coup l'histoire et les charmes de l'*île de Bacchus*. Tout un chacun veut acheter un bout de rivage et s'y bâtir une maisonnette. Saint-Laurent est bel et bien devenu un centre de villégiature. Les artistes affluent dont Horatio Walker et Félix Leclerc. Le premier immortalise sur toile les scènes paysannes de l'île; le second chante les aspirations de son peuple. Un troisième, Paul Hébert, y fonde un théâtre. Si l'on peut résider à l'île d'Orléans, n'est pas insulaire quiconque y naît. À moins d'être « né-natif », selon l'expression locale, il est peu de chance qu'on soit intégré à cette communauté séculaire. Aux fêtes grandioses qui marquent en 1908 le tricentenaire de la ville de Québec, Monseigneur Paul-Eugène Roy remet une médaille d'honneur aux trente et une familles de souche. Depuis, ce nombre n'a pas dû varier beaucoup : plusieurs monuments rappellent le descendant direct des colons français dont la lignée s'étend sur trois siècles dans l'île. Beaucoup de maisons datant du XVIIIe siècle sont encore habitées par des insulaires de souche. Leurs liens de parenté, d'amitié ou de

voisinage assurent la pérennité des institutions locales : églises, écoles, coopératives ou autres institutions publiques. Il vaut mieux visiter l'île d'Orléans de juin à octobre, au moment où les paysans étalent devant leur ferme les plus beaux fruits des champs et des vergers. Alors, reviennent à la mémoire ces vers bucoliques de l'abbé L. E. Bois :

Il suffit de traverser le pont de l'île d'Orléans pour découvrir du même coup l'histoire et les charmes de l'île de Bacchus.

« Heureux celui qui sait de ses troupeaux
Tirer vêtements et lainages;
Qui sait des champs tirer son pain, et des ormeaux,
L'hiver, le feu, l'été, l'ombrage. »

L'ARCHIPEL DE L'ÎLE AUX GRUES :
LES ÎLES TOURMENTÉES

« Le septième jour du dit mois, jour de Notre-Dame, après avoir ouï la Messe,
nous partimes de la dite Isle pour aller à-mont le dit fleuve, et vinmes à quatorze Isles
qui estoient distantes de la dite Isle ès Coudres de sept à huit lieuës, qui est le
commencement de la terre et province de Canada. »

JACQUES CARTIER, le 7 septembre 1535

COMME on peut le constater, l'explorateur Cartier ne jette qu'un coup d'œil distrait sur l'archipel de l'Île aux Grues. En fait, il ne s'arrête qu'à l'île d'Orléans après avoir séjourné à l'île aux Coudres. Rien en ce beau jour calme de septembre ne laisse présager les drames qui allaient marquer l'histoire de ces îles.

On est comme on naît. Les îles de cet archipel sont nées dans la tourmente, au pied du cap qui porte ce nom. Leur caractère est marqué par l'angoisse de la nature elle-même, soumise à cet endroit à deux forces formidables qui s'y affrontent deux fois par jour aux marées. Venu de l'ouest, le Saint-Laurent, qui porte en son sein toutes les eaux du centre-nord du continent, le Saint-Laurent, qui vient d'atteindre la plénitude de sa force avec l'apport de ses plus grands affluents, se jette à la mer au travers des ses îles. Venue de l'est, de l'Atlantique, la marée s'engouffre dans l'entonnoir que constitue l'estuaire du fleuve.

Certains jours de l'année, comme aux grandes marées d'automne et de printemps, l'affrontement devient violent si le vent souffle de l'est. Éole hurle entre les pins rabougris des îles; les vagues crachent sur les routes et sur les quais les ajoncs arrachés aux battures, et les courants marins, après avoir soustrait aux îlots les moindres parcelles des cailloux, les rejettent sur les bancs de sable qu'ils déplacent au passage au grand dam des marins.

De tout son parcours, c'est à la hauteur de l'archipel de l'Île aux Grues que la navigation sur le Saint-Laurent est le plus difficile. Si Cartier n'a compté que quatorze îles, c'est que les îlots, les îlets, les battures, les écueils et les imprévisibles bancs de sable lui échappèrent. Piloter un transatlantique équivaut à passer dans le chas d'une aiguille, d'où, rappelons-le, l'assistance réglementaire d'un pilote spécialisé à bord de tout bateau de fort tonnage qui passe là.

L'archipel de l'île aux Grues s'étire en longueur depuis l'île d'Orléans jusqu'à la hauteur du cap Saint-Ignace. La première, l'île Madame, longe la rive sud de l'île d'Orléans sur la pointe est. Les autres la suivent, telles des traces de raquettes : l'île aux Ruaux, Grosse île, l'île Sainte-Marguerite, l'île au Canot, l'île aux Grues, l'île aux Oies. Puis, entre les îles principales, une kyrielle d'îlots qui ont tous leur petite histoire : l'île Patience, les îles Brothers, l'île de la Sottise, l'île Gointon, l'île à Deux Têtes, l'île du Calumet, l'île aux Canards, l'île Longue, l'île du Cheval, l'île Ronde, l'île à Durand, l'île à la Corneille et l'île à l'Oignon. Enfin, entre ces îles et

jusqu'à la rive nord du Saint-Laurent, semés à l'aveuglette, les bancs, les battures, les brisants, les cayes, les écueils, les rochers et les roches, et que seuls connaissent à fond les navigateurs de souche. Éparpillés dans le lit du *Grand fleuve* sur une distance de vingt-cinq kilomètres de long sur à peine dix kilomètres de large : le rocher Rouge, le banc de l'Île au Ruau, les battures de la Traverse, le banc, les brisants et la Caye du Cap Brûlé, la Caye de la Prairie, la caye du Père-Édouard, la Baleine, le banc des Îlets, le rocher de Neptune, le Petit Cochon, le Grand Cochon, le rocher du Chenal et le banc de Saint-Thomas.

Plus importante, l'île aux Grues fait sept kilomètres sur quinze cents mètres au plus large; sa surface dépasse celle de l'ensemble de toutes les autres îles de l'archipel. L'île aux Grues est jumelée à l'île aux Oies, ce qui en fait le pôle d'attraction principal de tout l'archipel.

Les fermes de Saint-Antoine-de-l'Île-aux-Grues et la Grande Anse : le parfait mariage entre la terre et la mer.

L'ÎLE AUX GRUES

On ne connaît pas trop l'origine du nom de l'île aux Grues. Seul l'historien Damase Potvin mentionne qu'elle tient son nom de la grue qui : « ... revenant de Floride, trouve dans cette île un lieu de rendez-vous pour le repos, les ripailles et l'incubation; et elle s'y est arrêtée avant de poursuivre jusqu'aux lointaines contrées de l'ouest. » Belle contradiction, puisque si la « grue » y « incube », elle ne migre pas plus loin. Mais Potvin n'est pas Buffon!

De quel oiseau s'agit-il au juste? De la grue du Canada qui niche dans les Territoires-du-Nord-Ouest? Du cygne siffleur, jadis prolifique, et qui se serait arrêté sur sa route vers le nord de la baie d'Hudson? Ou tout simplement du grand héron qui allait nicher dans la forêt de la pointe ouest de l'île?

La pointe ouest de l'île aux Grues avec le *Bateau ivre*, le vieux quai à l'avant-plan et Montmagny à l'arrière-plan.

Un habitant de l'île, James McPherson LeMoine, homme de lettres, fin observateur de la nature et auteur d'un traité d'ornithologie, se pose la question dans *Chasse et Pêche au Canada*, publié en 1887. Voici avec quelle élégance, dans l'extrait d'un récit de chasse avec des amis, il avoue son ignorance. « Le soleil est déjà visible à l'horizon, l'air est frais, le temps calme; nous voici qui arpentons la grève de la pointe sud-est de l'île aux Grues.

— Mais avant d'aller plus loin, d'où vient ce nom, demande un des interlocuteurs?

— C'est tout simple…

— Du temps que la reine Berthe filait… pas précisément, mais vers l'époque où M. de Montmagny chassait… longtemps après… et même de nos jours, l'oiseau voyageur, chanté par Horace, ce rêveur des marais, y faisait étape et pourtant, l'oiseau mélancolique n'est pas de nos endroits : les vastes prairies du sud-ouest le réclament pendant l'hiver; l'été, il va confier ses pudiques amours aux savanes, aux îles solitaires et aux paisibles lacs des pays du Nord.

— Si c'était des grands hérons bleus au lieu des grues…

— Je dirais, sur ce point comme sur bien d'autres : Fiat lux! »

Que lumière soit faite! L'imaginaire compagnon de l'imaginatif disciple de Diane, le faire-valoir qui dit tout haut ce que son maître pense tout bas, avait raison de douter : les ornithologues d'aujourd'hui partagent l'avis des naturalistes d'autrefois,

---

* Pourtant Charlevoix affirme qu'il y a des grues au Québec, même « … des Grues de deux couleurs; les unes sont toutes blanches, les autres d'un gris de lin. » (*Voyage en Amérique*)

Boucher et Charlevoix*, et déclarent unanimement que les « grues » de l'île étaient des hérons bleus qui passaient et passent encore par là en migration, et dont un certain nombre nichaient dans les deux bosquets ouest et est de cette île et de sa siamoise.

Quant à LeMoine, il maintiendra et défendra à la fois son incertitude dans son *Ornithologie du Canada* : « ... est-ce que l'autorité de Linné, de Temminck, de Wilson doit aller pour rien; est-ce que le témoignage du fondateur de Boucherville; celui encore plus précis du grand historien de la Nouvelle-France, ne doivent pas être pris en compte; est-ce que le Canada n'est pas un peu sur la ligne de marche des Grues qui émigrent chaque

année de la Floride et du sud-ouest vers le cercle arctic, lieu de ponte? Nous prétendons donc, sauf preuve du contraire, que ces beaux étrangers au port majestueux et de la taille d'un grenadier, que nos chasseurs ont remarqués, à diverses reprises, ces années dernières sur la plage de l'île aux Grues et sur la batture de Saint-Thomas, à basse marée et auxquels ils ont tendu en vain des embûches, ne sont pas des Grands Hérons bleus, mais bien des Grues. »

L'énigme reste donc entière.

Le premier concessionnaire de l'île aux Grues et de l'île aux Oies est le chevalier Charles Huault de Montmagny, deuxième gouverneur de

Nouvelle-France, qui se fait concéder le tout par le roi Louis XIV en mai 1646. Avec les titres de propriété de ces deux îles viennent également toutes les îles de l'archipel : « tous les isles et islots, les battures et batturons. » En fait, ce n'est pas à l'île aux Grues que son Excellence accorde de l'importance, mais plutôt à l'île aux Oies où il établira son ami Jean-Baptiste Moyen, passionné de la chasse et qui marquera le destin de tout un archipel.

L'extrait suivant, tiré des archives du greffe de Québec, actes de Jean Durand, notaire, précise pourquoi M. le gouverneur se fait concéder ces îles : « L'île aux Oies avait été concédée par la Compagnie de Nouvelle-France à M. de Montmagny, qui

Le cap Tourmente domine le paysage de l'archipel de l'Île aux Grues.

visitait fréquemment ce lieu, pour y jouir du plaisir de la chasse. Après le départ de M. de Montmagny, son procureur en vendit la moitié au sieur Louis Léandre Chartier, et l'autre moitié au sieur Moyen, qui y conduisait des travaux considérables lorsqu'il fut tué. »

En effet, les Iroquois font une descente à l'île aux Oies en 1655. Le sieur Moyen, bourgeois de Paris et ami du gouverneur, établi à l'île aux Oies avec sa famille, est surpris dans sa maison par quelques Agniers en l'absence de ses serviteurs. Lui et sa femme Élisabeth Lebret sont tués, tandis que ses enfants, Élisabeth et Marie, ainsi que ceux du sieur Macart sont faits captifs. Quelque temps plus tard, lors d'un échange de prisonniers, les enfants seront libérés. Élisabeth devient l'épouse du célèbre Lambert Closse, surnommé le sauveur de Montréal.

Pierre de Bécart, sieur de Grandville, acquiert l'île aux Grues en 1678 et y installe des colons l'année suivante. Par un édit de Hocquart, on apprend qu'en 1731 le sieur de Touville possède une partie de l'île aux Grues, mais la propriété De Grandville est encore aux mains de cette famille. Mme de Grandville la cède en 1775 au seigneur Louis Liénard Villemonde de Beaujeu, célèbre défenseur du fort de Michillimakinac lors de la guerre de l'Indépendance. Le nouveau maître se fait construire un joli manoir en face de sa batture de chasse préférée qui portera le nom de banc de Beaujeu.

M. de Beaujeu est un chef vigoureux. Sir James Lemoine, dernier seigneur de l'île aux Grues, raconte que pendant l'hiver de 1775 De Beaujeu n'hésite pas à traverser le fleuve à la tête de ses censitaires pour se joindre à la colonne que De Gaspé, seigneur de Saint-Jean-Port-Joli, s'efforçait de faire entrer dans Québec pour secourir son Excellence Guy Carleton, ci-devant gouverneur anglais, attaqué par les loyalistes américains et bloqué dans la ville. On constate ici que, seulement seize ans après la prise de la capitale, les relations entre les conquis et le conquérant sont moins mauvaises qu'on aurait pu s'y attendre.

Cette expédition à la défense du drapeau anglais, que De Beaujeu avait si vaillamment combattu avant la Conquête, met d'ailleurs sa vie en péril. Le Chevalier de Saint-Louis n'en porte pas moins à sa boutonnière, les jours de fête, le ruban rouge dont le décore le roi de France Louis xv. Louis de Beaujeu meurt en 1802 dans son manoir conservé jusqu'à nos jours.

Devenue veuve, Mme de Beaujeu vend sa seigneurie à un Gaspésien, M. Daniel McPherson, qui, à son tour, la lègue à son fils. Elle reste dans la remarquable famille McPherson-Lemoine jusqu'en 1934.

L'île aux Grues est colonisée en 1679, en même temps que Cap-Saint-Ignace, sur la rive sud du fleuve, trente ans après l'île d'Orléans. La paix avec les Iroquois, ratifiée en 1666, laisse les insulaires plus tranquilles; tout au plus prend-on quelques précautions à la suite de l'assassinat de M. Moyen.

Bien qu'une quinzaine de personnes à peine habitent l'île en 1683, on érige une paroisse sous le vocable de Saint-Antoine-de-l'Île-aux-Grues. Celle-ci regroupe « … l'île aux Grues, l'île aux Oies, l'île au Canot, la Grosse île et toutes les îles et îlots situés dans le fleuve Saint-Laurent dans le voisinage des susdites îles, depuis l'extrémité supérieure de Grosse île jusqu'à l'extrémité inférieure de l'île aux Oies. » Si les îles Madame et au Ruau n'en font pas partie, c'est qu'elles sont rattachées à la paroisse de Saint-François, sur l'île d'Orléans. Pendant un siècle et demi la paroisse Saint-Antoine est desservie par le curé de Cap-Saint-Ignace éloigné d'une lieue à peine; c'est pourquoi les actes paroissiaux de l'île sont inscrits aux registres de Cap-Saint-Ignace ou de Montmagny, la ville voisine.

Épargnée par les autochtones, l'île aux Grues est néanmoins dévastée, ses maisons et ses granges brûlées par les soldats de Wolfe avant l'attaque de Québec en 1759. Les habitants, en tant que chasseurs rompus au camouflage, se réfugient dans des caves creusées dans leurs champs. En guise de revanche, les Anglais rassemblent les chevaux dans l'église et l'incendient. Suivant la tradition, un seul animal échappe au feu.

L'île aux Grues montre un profil bas qui se prolonge indéfiniment dans la mer par des battures. Légèrement sablonneux, le sol est fertile et de culture aisée. Quant aux battures, elles donnent une bonne récolte de « rouche », graminée servant à l'alimentation du bétail. Le terme « rouche » vient du vieux français de Vendée; ce pourrait être une déformation de « rousse », couleur de la plante qui, en France, désignait alors les grandes plantes des milieux humides. De là viendrait, pense-t-on, le terme anglais *rush* qui renvoie au jonc ou à la paille de vannerie.

Alors que la « rouche » croît au seuil des battures, affectées par le mascaret, une autre plante envahit le reste soumis à la marée : il s'agit du scirpe, espèce de cypéracée dont les rhizomes servent de nourriture aux oies des neiges, ressource majeure de cet archipel.

Pas de forêt dans l'île, si ce n'est un bosquet de chênes et de pins à la pointe ouest; on doit importer la planche du continent. La récolte du fourrage n'est pas sans importance : jusqu'à quatre cent mille bottes par an, soit trois millions de kilos. Ce foin sert au bétail de l'île, mais comme les patates, on l'exporte aussi par goélette. Si l'agriculture reste la principale activité économique de l'île aux Grues, on y pratique aussi la pêche à l'esturgeon, au bar et à l'anguille, autant de poissons destinés à l'approvisionnement des transatlantiques mouillant à Québec.

Une seule route relie les extrémités de l'île aux Grues et de l'île aux Oies; elle suit la ligne des hautes eaux du côté nord de l'île. Il ne reste aujourd'hui que quelques vestiges de l'ancien quai jadis situé sur le parcours de toute la navigation.

LES CANOTS À GLACE

Du printemps à l'automne, l'île aux Grues sera plus tard reliée à Montmagny par un rapide traversier et un service aérien fonctionnera toute l'année. Aux temps de la colonie, on voyage par « canot à glace » entre les îles ou vers le continent.

Les insulaires sont toujours d'excellents marins sans quoi on ne survivrait pas; l'hiver, ils font plaisir à voir quand ils affrontent les glaces en dérive et les traîtres courants. Ils choisissent le moment où la marée disloque les champs de glace et ils se jettent résolument à la mer sur leurs frêles esquifs.

Avironnant de toutes leurs forces, ils contrent les courants et contournent les écueils. Si d'aventure une embâcle se forme, ils l'enjambent, en traînant leur canot.

Des canotiers assurent le service hivernal entre les îles, mais aussi entre Lévis et Québec. C'est un métier très dur pour jeunes gens vigoureux qui, les jours de carnaval, se livrent à des compétitions enlevantes. La course de canots à glace, qui consiste à traverser tout le fleuve depuis Lévis vers un point précis de la rive nord, reste encore un événement coloré du carnaval de Québec.

Dans ses mémoires, le colonel Oscar C. Pelletier parle avec admiration de ces canotiers et donne des détails précis sur les embarcations, notamment celles que fabriquent les chaloupiers de Saint-Laurent, à l'île d'Orléans. « Avant de vous faire connaître plus intimement le personnel qui composait les équipes de canotiers qui se livraient à ce dur métier, je crois qu'il serait bon de vous causer un peu du genre de canot dont on faisait usage pour ce service. La forme et l'apparence de ces canots ressemblaient beaucoup aux pirogues creusées dans un tronc d'arbre, connues dans toute l'Amérique sous le nom de *dug out*. Mais leur construction était bien supérieure. Leur longueur variait entre dix-huit et vingt-huit pieds. La largeur des canots variait selon la longueur; elle était ordinairement de quatre pieds et demi. Ces canots n'étaient jamais armés pour la rame, étaient invariablement mus à la pagaie, qu'on appelle ici aviron. Il n'y avait en conséquence ni tollets, ni tolletières; et le bordé du haut de l'embarcation remplaçait la préceinte du canot. Ils étaient tous bordés à "joints carrés"; on dit en France "à franc bord". Il n'entrait aucun autre bois dans leur construction que celui du chêne blanc de la meilleure qualité. Le membrage s'étendait d'un côté à l'autre, au lieu d'abouter dans

Pages suivantes :
L'archipel vu depuis l'île aux Grues : l'île du Cheval, l'île Sainte-Marguerite et, en troisième plan, la Grosse île; à l'extrême droite, l'île à Deux Têtes.

une râblure au haut de la quille à l'intérieur, comme dans les embarcations ordinaires; il était relativement dru, et pas assez soulevé pour y adjoindre une "varangue"; et conséquemment il n'y a pas de veuglé, en France on dit "vaigrage". La quille était façonnée d'un morceau de chêne solide d'environ deux pouces aux "pinces" ou extrémités du canot, et s'élargissait jusqu'à six ou huit pouces au milieu; elle ne dépassait le gabord que d'un pouce en dessous; on y attachait une bande ou lisse d'acier qui permettait de glisser facilement, lorsqu'il fallait traîner le canot sur un champ de glace. N'étant pas armé pour la rame, il ne comportait pas de bancs pour les rameurs; mais il y avait à tous les trois ou quatre pieds des barres transversales mortoisées et clouées sur le haut du bordé; ces barres servaient à renforcer le canot, et les canotiers s'asseyaient dessus lorsqu'ils se servaient de leurs avirons. Quelques-uns de ces canots étaient construits au Cap-Blanc. Mais l'artiste et l'expert en pareille matière résidait à Saint-Laurent de l'Île-d'Orléans, où il avait son chantier de construction, au Canada on dit sa boutique de chaloupier. C'était un vieil ouvrier du nom de David Bouffard. »

L'ÎLE AUX OIES

L'île aux Oies n'est séparée de l'île aux Grues que par un fossé qui porte le nom pompeux de Grande Rivière et qui disparaît littéralement aux grandes marées. L'île aux Oies fait deux kilomètres de longueur et n'a jamais compté plus de quelques maisons. En fait, cette île est double, la « petite » et la « grande » îles aux Oies; la plaine inondable qui les sépare à hautes eaux, au printemps et à l'automne, se révèle, à basses eaux, la terre la plus fertile des environs. C'est d'ailleurs là que le sieur J. B. Moyen trace les premiers sillons.

Après la mort violente de ce dernier, Louis Couillard, sieur de Lespinay, acquiert cette partie de l'île. Il la cédera plus tard au seigneur Paul Dupuy, père de six enfants et homme de grande vertu. Deux de ses filles deviennent religieuses chez les Hospitalières. Apprenant en 1710 que le bétail de leur communauté manque de fourrage, elles font appel à leur père qui lui donne tout le fourrage nécessaire. Les Hospitalières exploitent incidemment d'importantes fermes pour approvisionner leur communauté. Le seigneur Dupuy meurt en décembre 1713 et les religieuses acquièrent son terrain deux mois plus tard.

Les dames de Dieu afferment les terres en échange de fourrage. Elles conserveront cette propriété jusqu'au début du XXᵉ siècle sans compter les terres de la famille McPherson-LeMoine sur la Petite île aux Oies, acquises le 3 mars 1875.

Les plaines inondables de l'île aux Oies sont longtemps le grenier à foin de l'île voisine. On coupe le foin et la « rouche » entre deux marées et on les met à sécher sur des plates-formes montées sur des échasses. La nuit, tout cela produit l'effet d'une horde de cavaliers fantastiques galopant sur les battures. Une fois le sol gelé, on transporte le fourrage vers les granges.

La valeur du foin sera éclipsée par celle des oies sauvages qui fréquentent les battures et en font un paradis pour la chasse. Une telle richesse attire les braconniers : trois fois les religieuses font appel à l'autorité civile pour protéger leurs droits. Les intendants De Vaudreuil, De Beauharnois et Hocquart signent tour à tour des ordonnances à cette fin, mais les récidives témoignent de leur inefficacité.

L'ÎLE AU CANOT

L'île au Canot fait également partie de la première seigneurie; elle est située juste au nord de l'île aux Grues. Plutôt étroite, elle ne mesure que deux kilomètres et n'a jamais compté qu'une seule famille. Pourtant, elle sera le théâtre d'un événement insolite. En 1796, la femme d'un pauvre pêcheur de l'île, un certain Baillargeon, se trouve seule à la maison. Abîmée dans le désespoir de l'ennui, elle se plaint amèrement à Dieu quand une voix la rassure : elle donnera naissance à deux fils dont l'un deviendra évêque. Monseigneur Charles-François

Arborant les couleurs d'un insecte géant, une équipe de coureurs traverse le Saint-Laurent en canot à glace.

Baillargeon, né en 1798, raconte cette prédiction dans une lettre expédiée à Rome. Ce sera le troisième archevêque de Québec, en 1867.

L'île, rendez-vous séculaire des canards et des oies, est aujourd'hui propriété privée.

L'ÎLE À DEUX TÊTES

L'île à Deux Têtes fait triangle avec l'île Sainte-Marguerite et la Grosse île. Petite, à peine mille mètres, dotée d'une batture étroite et peu attirante pour les oies, elle ne sera jamais habitée que par un seul personnage et encore, imaginaire. Le 23 juin 1857, un homme solitaire du nom d'Antoine Bouet accoste à l'île. Voilà né le héros d'un roman célèbre au siècle dernier, *L'Enfant mystérieux*, du docteur V.-Eugène Dick.

Comment mieux situer la trame du roman *L'Enfant mystérieux* que dans cette île entourée de courants, de récifs et de dangers de toutes sortes.

Après avoir dilapidé son héritage, une belle terre de l'île d'Orléans, Antoine Bouet, une canaille de renom, se cache dans l'île à Deux Têtes en attendant l'héritage de son frère qui n'a pas d'enfant. Un beau jour, voilà qu'un marin de passage laisse à Pierre Bouet un nourrisson qui, plus tard, deviendra l'héritière. Antoine Bouet doit faire disparaître la jeune fille s'il veut hériter. De connivence avec Tamahou, un indien renégat, à qui il promet de partager un trésor enfoui dans l'île, Antoine Bouet fait séquestrer la jeune fille dans une grotte de l'île d'où un fiancé la sortira, évidemment.

Un orage se dessine dans le ciel des *îles tourmentées*.

Aujourd'hui l'île à Deux Têtes reste dans l'anonymat, en attendant un autre romancier.

L'ÎLE SAINTE-MARGUERITE

L'île Sainte-Marguerite est très belle et compte plus de deux kilomètres de longueur; elle est incurvée au centre, alors que ses extrémités boisées sont relevées. Une seule habitation est érigée sur l'île. D'ailleurs, peu de documents témoignent de sa colonisation. Tout au plus peut-on lire dans le recensement de 1884 qu'il s'y trouvait « six communiants et cinq non communiants »; en somme, de une à trois familles.

Toute la richesse de l'île Sainte-Marguerite vient de la mer, entourée qu'elle se trouve, au nord comme au sud, de deux excellentes battures fréquentées par le gibier d'eau.

Cette île paradisiaque n'aurait pas d'histoire si elle n'avait été léguée en seigneurie au plus énigmatique personnage de la région.

M. Bécard de Grandville l'acquiert en même temps qu'une partie de la Petite île aux Oies et une autre de l'île aux Grues. Il construit son manoir tout à côté de celui de son ami, Pierre Dupuy, sur l'île aux Oies. Appelé sous les armes, il ramène sa famille à Québec, mais, en 1731, son fils aîné Pierre Bécard de Grandville lègue tous ses biens à son frère Paul et s'en vient habiter le manoir. La légende veut qu'il ait ajouté des grilles aux fenêtres du manoir de pierre où il vit les dix-neuf dernières années de sa vie dans la solitude la plus totale, fou, ermite ou reclus, sous la garde de sa sœur Geneviève. En janvier 1750, il sera inhumé à Saint-Thomas de Montmagny, alors que tous les autres défunts de la famille reposent à Québec.

Lever de soleil sur l'île aux Corneilles. Le *Jos-Lachance III,*
le transporteur des îles, tangue sur son ancre.

L'ÎLE AU RUAU

L'île au Ruau et sa jumelle, l'île Madame, couvrent
la partie occidentale de l'archipel. Étroite, mais
longue de trois kilomètres, l'île au Ruau est surtout
boisée et sa batture du côté ouest regarde celle de
l'île Madame. L'île au Ruau est concédée aux
Jésuites en 1638 par la compagnie des Cent-
Associés. La communauté compte en tirer son bois
de chauffage et faire de l'élevage pour subvenir à ses
besoins, comme il est d'usage. En 1757, l'île devient
la propriété de Guillaume Guillemin, membre du
Conseil supérieur, qui la vend à son tour au notaire
Jean-Claude Panet. Plus tard, Elzéar Boulanger, de
Montmagny, y élève du bétail et, finalement, elle
passe à des groupes de chasseurs. Elle est encore
propriété privée.

L'ÎLE MADAME

En amont, la première île de l'archipel de l'Île aux
Grues est l'île Madame qu'on ne doit pas confondre
avec l'île du même nom dans l'archipel du lac Saint-
Pierre. Étendue sur à peine quinze cents mètres,
cette île est fort jolie avec son centre boisé et
surélevé qui lui donne du corps. Sa surface se trouve
triplée par des contours rocheux soumis à la marée.
Une intéressante batture du nom de banc de l'île
Madame prolonge sa pointe est jusqu'à rejoindre
celle de l'île au Ruau en basses eaux.

L'île Madame longe la pointe est de l'île
d'Orléans à la hauteur de la paroisse Saint-François
à laquelle elle est d'abord rattachée. Elle tiendrait
son nom de Samuel de Champlain en souvenir,
peut-être, de l'île Madame qui se dresse à l'embouchure de la Charente, non loin de Brouage, sa
patrie.

Page précédente, en haut :
Les croix blanches de Grosse île symbolisent bien le dénuement total dans lequel sont morts 11 000 pestiférés.

Page précédente, en bas :
La chapelle catholique de Grosse île.

Ci-dessus :
La pointe sud-ouest de Grosse île perdue dans le blizzard.

Le domaine de la seigneurie de l'île Madame est concédé au sieur Romain Becquet en 1672 par le comte de Frontenac et l'intendant Duchesneau. Le 5 décembre 1684, un acte de concession est signé en faveur de ses filles Marie-Louise et Catherine Becquet. Jean Mauvide de l'île d'Orléans acquiert l'île et la revend en 1779 à René Amable Durocher, époux de Marie-Anne Mauvide.

On ne sait trop pourquoi l'île est mise aux enchères en 1845. L'acquéreur, le juge Aylwin, la gardera pendant quarante ans pour ensuite la vendre à Pierre et Joseph Desmeules. Pierre rachète la part de son frère et cède le tout à ses deux fils Pierre et Joseph en 1888. Pierre fils rachète à son tour et vend l'île en 1904 au major Edmond Laliberté, de Québec. Edmond Laliberté fils en héritera en 1924.

L'île n'a pas de potentiel agricole; on y déboise à peine l'espace nécessaire à la construction de quelques maisons d'été. C'est une jolie bordée que de voguer de Québec à l'île pour peu qu'on sache profiter des marées. On y vient néanmoins surtout pour la chasse, ce privilège seigneurial à la source de tant de frictions.

L'utilisation des battures donnera lieu à bien des procès opposant seigneurs et censitaires. Les habitants soutiennent que les battures n'appartiennent pas aux seigneurs et revendiquent le droit d'y chasser et d'y pêcher. En fait, sous le régime seigneurial, les battures font partie des seigneuries, après quoi, elles deviendront propriété de la Couronne, ce qu'elles sont encore. Incidemment, d'après le code de Napoléon, la propriété d'un seigneur s'étend à basses eaux « jusqu'au ventre d'un cheval blanc ». Cette

expression désigne un cheval adulte, puisque sans manipulations génétiques, un cheval blanc naît bleu.

LA GROSSE ÎLE

Nulle île du *Grand fleuve* n'a subi sort plus tragique que la Grosse île. Malgré son nom, la Grosse île n'est pas grande : quinze cents mètres sur cinq cents. Plutôt boisée, elle montre une élévation à l'ouest et une petite presqu'île au sud. Impropre à l'agriculture, peu fréquentée par le gibier et entourée d'îles plus attrayantes, personne ne s'y intéresse avant 1832.

À cette époque, l'agriculture est en plein essor et le Canada aborde l'ère industrielle. Comme le pays a besoin de bras, beaucoup d'immigrants viennent pour tenter fortune, fuir la guerre ou échapper à la famine. Les Anglais protestants se retrouvent en territoire ami. Quant aux Irlandais catholiques, victimes de persécution religieuse chez eux, ils aspirent à la paix sociale dans un pays où l'on parle

Le *Bateau ivre* le rêve de l'aubergiste Gaby Véniza devenu réalité.

leur langue, sans quoi ils demanderont un sauf-conduit pour les États-Unis.

Au cours de la seule année 1832, soixante et un mille huit cents immigrants entrent au pays par le Saint-Laurent au terme d'une traversée de trois mois. Or, un règlement prescrit aux personnes immigrantes une période de quarantaine destinée à prévenir les épidémies au pays d'adoption. Incidemment, de grandes épidémies font rage sur la planète, et, cette année-là, le choléra asiatique éclate à bord des bateaux. Comme la quarantaine se passe à la batture de la Pointe de Lévy située près des grands centres urbains, on se met à la recherche d'un lieu plus propice. Déserte et située sur la route des navires, la Grosse île est proposée et son propriétaire, le notaire Bernier de Québec, qui la loue au gouvernement pour quatre ans, tout en se réservant le privilège d'abattre les beaux arbres de la

Le capitaine Jean-François Lachance, petit-fils de Jos Lachance, digne représentant de la cinquième génération de cette célèbre famille de gens de mer.

forêt. On débroussaille, on dresse des tentes et on reçoit les premiers arrivants que des dizaines de milliers d'autres suivront. L'armée construit des hôpitaux temporaires, sombres baraquements où les survivants des traversées sont séquestrés et traités avec les humbles moyens du temps. Grossière imprévision administrative, la forêt de l'île ayant été laissée au propriétaire, on doit importer de la côte le bois de charpente et la planche. L'urgence est telle qu'on n'a même pas le temps de construire de quai. Les morts sont enterrés dans l'île.

En 1834, trente et un mille immigrants arrivent dont près de mille réclament une hospitalisation.

En 1836, le gouvernement achète l'île. L'endroit est stratégique : qu'un bateau fasse mine de passer son chemin et la semonce d'un coup de canon suffit à l'arrêter.

Loin de diminuer, la vague d'immigration s'amplifie. En 1847, on affronte de nouvelles épidémies; le typhus et la petite vérole ne peuvent pas encore être contrés par les vaccins : Louis Pasteur n'a que vingt-cinq ans. Sur les soixante-huit mille nouveaux venus, dix-sept mille sont hospitalisés à l'île qui compte maintenant douze hôpitaux.

Certains jours, dix mille personnes séjournent dans la Grosse île, surnommée l'île de la Quarantaine. Beaucoup de malades meurent en mer, et vers la fin de la traversée, les passagers sont si faibles qu'ils n'ont même pas la force de jeter les cadavres par-dessus bord. Quant aux équipages, ils s'enferment dans leurs quartiers.

Toujours pendant l'année 1847, le docteur Geo Douglas, surintendant de l'île, témoigne des horreurs qui s'y passent, lors d'une enquête menée par un comité de la Chambre. Suivant son témoignage, à l'arrivée des bateaux, les cadavres sont retirés des cales au moyen de crochets, puis ensevelis dans des

fosses communes. Les corps n'étant recouverts que d'une mince couche de terre, des rats échappés des navires viennent les ronger. Quant aux médecins et aux religieux venus porter secours aux survivants, ils sont souvent eux-mêmes victimes de l'épidémie.

La fièvre typhoïde fait quelquefois perdre l'esprit et les malades en fuite meurent un peu partout. On les enterrait là où on les trouvait. On estime à onze mille le nombre total de cadavres enterrés à la Grosse île. S'ajoutent à cela quelque huit mille victimes ensevelies sous les vagues de l'Atlantique. La découverte du vaccin mettra fin aux épidémies. L'île de la Quarantaine est désertée en 1937 : un hôpital vaste et moderne répond aux besoins de l'immigration à Saint-Charles.

Malgré toutes les horreurs dont elle fut bien involontairement le théâtre, la Grosse île est inscrite dans l'Histoire comme ayant épargné au Canada et même à l'Amérique une calamité pire que la guerre. Ses installations ont été conservées dans le cadre d'un parc national que des milliers de visiteurs parcourent avec recueillement à la belle saison. On accède à l'île par le *Jos-Lachance III*, bateau appartenant à une célèbre famille de marins originaire des îles.

LE COURAGE DES CANOTIERS

Pour vivre dans les îles tourmentées de l'archipel de l'Île aux Grues, il faut avoir un tempérament d'acier et un courage du tonnerre. L'affrontement collectif des dangers quotidiens tisse entre les insulaires des liens plus forts que ceux du sang. On

n'hésite pas à risquer sa vie pour sauver l'un des siens, et c'est le cas, notamment, des canotiers chargés de la liaison avec la côte dans des conditions parfois inhumaines.

Peu de témoignages imprimés nous restent des exploits héroïques des canotiers du Saint-Laurent. Non sans rappeler *Les Travailleurs de la mer* de Victor Hugo, l'extrait suivant des mémoires du docteur Cloutier du cap Saint-Ignace permet d'autant mieux de mesurer l'intensité réelle de la dramatique traversée qu'il est dépouillé de tout artifice littéraire. L'événement se passe aux pires froids de l'hiver, le 26 janvier 1925.

« Le dimanche 26 janvier, nous nous éveillâmes par un froid de 16 degrés sous zéro (F°). Toute la nuit le vent avait fait rage et, le matin, il courait du nord-ouest à 35 milles à l'heure, charroyant du froid et une neige fine et piquante qu'il arrachait à la surface glacée pour nous en cingler le visage.

Chaque automne, le passage de l'oie blanche attire une multitude d'ornithologues amateurs et professionnels à l'île aux Grues.

Frileusement emmitouflés dans nos manteaux de fourrures, nous revenions de la basse messe, face au vent, presqu'au pas de course. Je disais justement à ma femme : "Fasse le ciel que je ne sois pas obligé de faire de longues courses aujourd'hui. C'est un temps périlleux!" À peine avais-je formulé ce souhait, que nous aperçûmes à quelque cents pas venant à notre rencontre, un groupe de quatre hommes tout couverts de glace et de frimas, que nous reconnûmes aussitôt à leurs accoutrements.

— Les gens de l'Ile-aux-Grues! nous écriâmes-nous, ma femme et moi, au comble de la surprise.

Longues bottes de bœuf avec jambières en veau, étroitement serrées aux genoux. De lourds grappins en fer forgé, solidement attachés à leurs pieds par des courroies de cuir. Dans leurs bottes s'enfoncent

Une oie blanche adulte, aisément reconnaissable à son plumage tout blanc, monte la garde pendant que les jeunes adultes au plumage grisâtre refont leurs forces avant de poursuivre leur voyage.

des salopettes en grosse toile brune ou noire. Ce gros tissu serré coupe bien le vent et l'eau y glisse comme sur le dos d'un canard.

Un court gilet de cuir ou un "makinaw", endossé par dessus plusieurs chandails, habille leur torse. Enfin, leur tête est encapuchonnée dans des bonnets à oreillettes, ou bien sous de chaudes calottes de fourrures. Ce matin, ces hommes ont toute la partie supérieure du corps couverte de givre. On croirait qu'ils portent une riche toison de duvet blanc. Quant à leurs salopettes et à leurs chaussures, vous diriez qu'elles ont trempé dans un bain de cire.

Lorsque vous rencontrez un groupe d'hommes accoutrés de la sorte, vous avez affaire à un équipage de canotiers. Vous n'avez pas à vous y tromper. Une chose sur laquelle je n'avais pas à me tromper non plus, c'était le but de leur voyage. Pour avoir bravé une température pareille, ces gens venaient sûrement au docteur pour un cas urgent. Aussi je ne fus

nullement surpris quand je vis celui qui semblait leur chef, se diriger vers moi. Sans autre préambule et de l'air d'un homme qui émet une énormité et qui s'en rend compte : Docteur, nous venons vous chercher pour l'île.

— Mais, répartis-je, vous badinez ou vous êtes fous. Croyez-vous que je vais aller à l'île par un temps pareil?

Émile, (car celui qui me parlait était Émile Gagné, un brave) me répond sur ce ton un peu traînant particulier aux gens de l'île : Il le faut, Docteur! Nous sommes bien venus, nous autres, vous n'aurez pas pire que nous.

Que répondre à cela? Quatre hommes, sans aucune rémunération, par pur dévouement, venaient

peut-être de risquer leur vie pour un des leurs, et moi, j'allais hésiter à les suivre?

— Pour qui est-ce que vous venez? demandai-je, après quelques moments de réflexion.

— C'est pour la même femme que l'autre fois, il y a quinze jours. Elle a rechuté. Hier, elle avait cent six degrés de fièvre. C'est M. le curé qui a pris sa température. Il faut venir, elle veut vous avoir, sans faute.

Je fais la part de l'exagération : 106 degrés! Elle avait peut-être 104 degrés. C'était évidemment un cas sérieux d'infection puerpérale. Une pauvre petite femme, mère de quatre enfants, que j'avais accouchée, il y a deux semaines, et qui avait fait une grande hémorragie. Certes, son cas devait être grave, peut-être même désespéré. Mais peut-être aussi pourrais-je la sauver.

— C'est bien, j'irai, décidai-je brusquement. Le temps de me gréer. Ce ne sera pas long.

Retour d'une chasse fructueuse : les îles de l'archipel ont de tout temps été considérées comme un paradis de la chasse.

Émile exulte.

— Comme ça, je peux aller dire à mes compagnons que c'est décidé, que vous venez?

Ceux-ci étaient entrés chez mon voisin, parce qu'ils s'étaient gelé le visage et qu'ils ne voulaient pas que je m'en aperçoive de peur que cela me dissuade d'entreprendre le voyage.

— Prenez votre temps, ajouta Émile, car il nous faut attendre le montant, et ce ne sera pas avant dix heures qu'on pourra se lancer.

Je pris donc un bon déjeuner : pâté à la viande, cretons gras, café chaud, enfin tout du bon combustible pour chauffer la fournaise. Puis toute la maisonnée se met en frais de me trouver ce qu'il faut pour m'équiper contre le froid. On m'apporte chandails, foulards, grands bas de laine, gants, mitaines et enfin mon gros manteau en étoffe du

Chasse aux canards dans l'île aux Corneilles.

pays, doublé de chat sauvage. Mes canotiers sont là maintenant qui attendent l'heure du départ, tirant des ripostes.

Les gens des rangs qui se sont hasardés à venir à la grand'messe et qui se sont rendus à mon bureau, se demandent si nous ne sommes pas une bande de fous. La mer est comme un fourneau, disent-ils, et il vente une tempête, puis le froid brûle. Ils nous regardent comme s'ils disaient : "Regardons-les bien, ceux-là, c'est peut-être la dernière fois que nous les voyons!"

Mes hommes prennent ma valise et nous nous dirigeons vers le fleuve à la file indienne. Il fait soleil mais la poudrerie nous empêche de voir devant nous à plus de cinquante pas. Enfin j'aperçois le canot. Les hommes l'entourent et avec leurs gaffes, ils le frappent à tour de bras. C'est pour le déglacer. Le

mât est monté, la voile entourée autour. C'est une solide embarcation. Toute bordée en chêne, pesant cinq ou six cents livres. Sa quille est ferrée d'une lisse d'acier de huit pouces de large au centre, allant en se rétrécissant vers les extrémités. Le canot se termine en pince à chaque bout.

— Embarquez, Docteur!

Je m'installe sur un banc volant. Puis les canotiers, deux de chaque côté, emportent le canot au pas de course. Arrivés à l'eau, ils constatent avec désappointement que la mer est encore en plein baissant. Enfin, le courant arrête. Émile donne l'ordre d'appareiller. On déferle la voile, met le "balestron"; je prends place en avant du timonier et on se lance dans le "frasis" : une bande de fausses glaces empilées sur une largeur de cinquante pieds entre les remparts et l'eau. Émile s'efforce avec son aviron ferré de pousser de l'avant, mais son aviron enfonce là-dedans comme dans du beurre. Le vent souffle dans la voile à tout briser, mais le canot s'obstine à rester immobile.

— Roulons! Roulons! le canot gèle!… Alors tous embarquent et impriment au canot un mouvement de roulis.

Celui-ci avance de quelques pouces. Amédée se jette de nouveau dehors pendant que les deux frères Normand, Narcisse et Fénélon, prennent leurs lourdes rames ferrées qu'ils enfoncent dans la glace friable. Ils appuient de toutes leurs forces, tout en continuant de rouler le canot qui avance pouce par pouce. Nous n'avons plus que quelques pieds pour atteindre l'eau. Encore quelques efforts, et voilà l'embarcation dans son élément naturel. Je rends l'écoute à Fénélon. Les doigts commencent à me geler. Je frappe mes mains avec force sur les bords du canot et sur les bancs. La circulation se rétablit.

Le canot vogue. Un épais brouillard de lourdes vapeurs nous enveloppe. L'équipage est impuissant à choisir sa route. Il faut s'en rapporter à son flair et à la Providence! Nous tombons dans un champ de glace fine. Amédée saute à cheval sur l'avant, les jambes en dehors du canot, s'agrippant des mains à une barre; il casse la glace avec les pieds, pédalant à reculons. C'est une rude besogne qu'il doit remplir pendant plusieurs minutes.

La glace devient plus résistante. Amédée se jette de côté, marche sur cette glace qui cède à chaque pas, tire le canot en avant et recommence sans cesse cette manœuvre. La glace s'épaissit davantage. Un autre homme court en avant, se jette à son tour en dehors, empoigne l'autre bord et à eux deux, ils soulèvent l'étrave qui retombe et s'ouvre un chemin dans le champ de glace. Amédée avec son aviron ferré pousse de son côté, tout en guidant la marche de l'embarcation. Narcisse Normand, tantôt avec sa rame, tantôt avec sa gaffe, fait aussi sa part. On m'a remis l'écoute.

— Tu te gèles, Médée!

Et celui-ci doit s'arrêter quelques instants pour se frictionner vigoureusement. Un peu après c'est

Émile qui se gèle. Il est tellement occupé à manœuvrer l'aviron qu'il doit se faire frictionner par moi.

Enfin, un trou d'eau. Tout le monde rembarque. Le vent est terrible et comme on ne voit pas à vingt-cinq pieds à cause du brouillard, on ne sait pas l'étendue du trou qui peut être immense et la mer devenir très mauvaise.

Amédée fait la vigie; attentif, il veille en avant. Fait qui indique bien que le moment est grave, c'est qu'on n'entend plus sa gueule. Lui qui a la réputation d'avoir la langue la mieux pendue de toute l'île, il reste coi. Il n'a pas trop de temps pour veiller aux morsures du froid et sur ce qu'il peut apercevoir en avant. Tout à coup, il jette un cri : Une banquise arrive!

Le canot se cabre pendant que Médée et Narcisse Normand sautent sur la glace et le halent.

Émile jette son aviron au fond du canot et tous deux sautent de banc en banc, courent rejoindre leurs compagnons sur la banquise et leur aident à hisser le canot. Ils repartent en courant, traînant le canot sur une neige rude qui crie sous les bottes. Les pieds me gèlent. J'arrête mes hommes : Laissez-moi marcher un bout, je gèle.

— Prenez garde de vous mouiller, Docteur, tenez-vous bien sur le bord du canot. Ne lâchez pas, et si ça écrase, jetez-vous dedans.

Une nouvelle pièce d'eau. Le canot, comme un bolide, entre de nouveau dans l'élément liquide, et dans la vapeur d'eau qui nous enveloppe comme un manteau féérique et nous recouvre de givre.

Puis encore de la mauvaise glace qu'il faut casser à deux hommes; le vent augmente, la voile se durcit. Tout à coup le balestron vole en trois bouts, et la brise l'emporte sur la glace…

La "pointure" bat maintenant au vent. Il faut l'attacher au mât, et c'est Médée qui, les doigts à demi gelés, se charge de la besogne. On se remet en marche. La glace devient très épaisse et lisse. Cette glace porte le canot. Les hommes sautent en dehors et ont toute la peine du monde à retenir et à suivre l'embarcation qui fuit sur cette surface unie, poussée par un vent de trente milles. Leurs grappins font office de freins. Puis, un autre trou d'eau, très grand celui-là. Tout le monde est attentif. La mer grossit et devient mauvaise. On doit être aux approches du Banc de Beaujeu.

Amédée est à son poste, l'œil perçant. Un faux mouvement, une distraction peut nous faire embarquer une mer; et qui sait? Il n'a même plus le temps de surveiller ses joues qui blanchissent. Le brouillard est plus dense que jamais, le froid prend le dessus.

— Je ne vois pas venir les mers, nous dit Émile. Soyez prudents, tenez bien le milieu du canot. Et toi, Médée, guette la cage (bloc en ciment qui supporte une lumière près du chenal).

Tout à coup, celui-ci crie : Je vois l'île!

Encore un trou d'eau. On s'y jette bravement. Après une course de cinq minutes, sous la rafale, une légère éclaircie nous laisse voir distinctement un arbre. La pointe!, s'écrie Médée. Et quelques minutes plus tard : Les Remparts! Émile!

Émile cherche un endroit propice pour accoster, puis nous touchons aux remparts. Médée, d'un bond, les escalade. On lui jette la "bosse", longue amarre attachée à l'avant du canot, pendant que Fénélon enlève la voile.

— Débarquez, Docteur, et rendez-vous aux maisons en suivant le plein. Ils m'aident à escalader la glace. Je leur donne un coup de main pour y haler leur canot, et pendant qu'ils le traînent à terre, je m'achemine avec peine vers les habitations où nous arrivons à midi et demie, exactement trois heures après notre départ. »

LE PETIT BONHOMME SANS TÊTE

Étranges bruits de chaînes dans l'île Madame, feux follets à la Grosse île, cheval fantôme à l'île aux Grues, les îles de Montmagny ne sont pas dépourvues de légendes. La plus tenace parle d'un petit bonhomme sans tête. Si au moins un membre par famille a vu un jour, ou plutôt une nuit, le farfadet, c'est qu'il hante l'île aux Grues depuis 1810 pour disparaître en 1841.

Pantalon gris et redingote noire, c'était un nain élégant, mais sans tête et, par conséquent, muet. On raconte qu'il terrorisait même les insulaires les plus braves et qu'il marchait sur la neige sans laisser la moindre trace!

LES MCPHERSON LEMOINE

La plupart des premiers seigneurs de l'archipel de l'île aux Grues ont laissé de leur personne ou de leurs hauts faits un souvenir inoubliable. Plutôt que par des exploits militaires ou de graves malheurs personnels, une famille a su prendre place dans la légende uniquement par sa façon d'être : les McPherson Lemoine. Le nom de Lemoine s'écrit successivement : Lemoine, Lemoyne et LeMoine.

Cinquième seigneur de l'île aux Grues, Daniel McPherson naît en Écosse en 1753 et vient s'installer à Philadelphie avant la révolution américaine de 1779. Fidèle à l'Empire-Uni, il quitte les États-Unis après la révolution et rejoint les loyalistes établis à Sorel où il épouse Mary Kelly. Il s'associe ensuite aux loyalistes de Gaspé. En 1802, il achète la seigneurie De Beaujeu et s'installe dans le manoir où il vivra jusqu'en 1829. À regret, il emménage à Saint-Thomas-de-Montmagny pour faciliter l'éducation de ses petits-fils. Il y mourra en 1840 et sa veuve, en 1842.

De leurs quatre enfants, c'est leur fils aîné, John né en 1783, qui occupe immédiatement le manoir. John McPherson est à la fois riche et généreux : bien que protestant, il soutient la construction de l'église catholique de l'île. Son neveu James en tracera plus tard le portrait.

Au décès de leur mère Sophia, les filles de John McPherson, Melinda et Mary Juliana, héritent conjointement de la propriété où elles ont vu le jour. Elles resteront célibataires, tandis que leur sœur Sophia Éliza épouse en 1836 son cousin germain Henri Benjamin Lemoine, fils de Benjamin Lemoine et de Julia Ann McPherson, sœur de John.

Les sœurs McPherson perdent un à un les êtres chers, sauf leur cousin James McPherson LeMoine qui, de vingt ans leur cadet, continue de les visiter. Elles vivent parmi les livres, les œuvres d'art et les bibelots, brodant et tricotant devant leur grande cheminée durant l'hiver.

Anglophones et protestantes, elles n'ont certes pas la vie facile si l'on en croit les confidences ultérieures de l'abbé J.B. Plamondon, curé de l'île : « Ce soir, trois Août, je me suis rendu, en compagnie du Revd Chs Prévost, à la Pointe d'en bas, vis-à-vis le terrain de McPherson Lemoyne, Seigneur de l'île, et au pied du dixième poteau au Sud de la barrière, j'ai enterré une petite statue de S. Joseph. Je l'ai fait pour engager S. Joseph à faire passer cette propriété entre les mains d'un catholique : soit que McPherson se convertisse ou qu'il vende à un catholique. Fiat, fiat. »

Rappelons que le régime seigneurial tire alors à sa fin. Quelque peu excessif, le bon curé ne trouve sans doute pas suffisant que la lignée Lemoine soit catholique et francophone.

Le McPherson Lemoyne à qui le texte fait allusion est le fils de Sophia Élisa McPherson qui, rappelons-le, avait épousé son cousin Henri Benjamin Lemoine. Après avoir fait fortune à Boston, le jeune homme se voit léguer le manoir par ses tantes. Bien qu'il ne jouisse de sa propriété que pendant l'été, il y investit beaucoup d'argent. François Guimond sera le jardinier du domaine pendant quarante ans, entretenant les serres, un magnifique parterre de fleurs, un potager, un verger et une écurie de cinq ou six chevaux.

McPherson Lemoine est un homme jovial, un géant de cent quarante kilos dont l'épouse est du

La population d'oies des neiges atteint désormais le demi million d'individus.

même calibre. Le couple mène une vie sociale intense et emploie plusieurs domestiques. McPherson Lemoine veut-il se rendre à Québec ou à Montréal, il n'a qu'à guetter le passage d'un de ses navires et l'appeler par un coup de canon. Dès lors, le capitaine met l'ancre et des matelots viennent le chercher sur la rive.

Pendant plus de cinquante ans, les McPherson Lemoine déploient sur l'île la vie des gens riches et célèbres. Ils reçoivent beaucoup et ne manquent jamais de faire quotidiennement le tour de l'île avec de magnifiques attelages. Une barque permet au seigneur de faire des emplettes à Montmagny ou d'amener son petit-fils Andrew à la pêche. Au cours

des dernières années, il arrive de Boston à bord de son yacht personnel. McPherson Lemoine meurt en 1908, mais sa veuve, dont les plus vieux citoyens de l'île se souviennent encore, fréquentera l'île jusqu'à sa mort en 1934.

Un de leurs cinq enfants, Charles, hérite de la propriété qu'il vend à un New-Yorkais en 1936. Finalement, des insulaires s'en porteront acquéreurs.

Le dernier McPherson Lemoine, James, fréquente assidûment le manoir de l'île aux Grues, mais n'en sera jamais propriétaire. Celui qui allait devenir Sir James McPherson LeMoine, avec un grand M, né en 1825, est le fils de Julia Ann, fille de Daniel McPherson, et de Benjamin Lemoine, qu'on ne doit pas confondre avec Henri Benjamin Lemoine, son fils.

La mère de James meurt alors que celui-ci est âgé de trois ans. Avec ses deux frères, il est recueilli en 1828 par son grand-père qui vivait encore au manoir pour s'installer l'année suivante à Saint-Thomas-de-Montmagny. C'est là que James grandit. Il fréquente le Petit Séminaire de Québec, devient avocat, puis inspecteur du Revenu intérieur, poste prestigieux qu'il conservera toute sa vie.

Ce travail lui permet de s'adonner à trois vieilles passions : la chasse, l'observation de la nature et l'écriture. James McPherson LeMoine a laissé plus de quatre-vingts ouvrages traitant de la chasse sportive aux pêcheries commerciales en passant par l'ornithologie et le tourisme. Cette production scientifique lui a valu une foule d'honneurs dont la présidence de la Société royale du Canada, la présidence de la Société historique et littéraire de Québec et, en 1897, le titre de sir, conféré par la reine Victoria et décerné pour la première fois à un Canadien français.

UNE CHASSE AUX ALOUETTES

Le récit suivant est tiré de *Chasse et Pêche au Canada*, écrit en français et publié en 1887. Ce document permet d'apprécier le talent littéraire de James McPherson LeMoine et de mesurer l'abondance du gibier à l'île aux Grues de l'époque.

L'auteur nous prévient d'abord que le terme « alouettes » s'applique globalement aux petits oiseaux de rivage, de la maubèche au pluvier doré, en tout huit ou neuf espèces qui fréquentent l'archipel et les rives du fleuve dans la région de Québec et qui, nous l'avons oublié, sont succulentes. Écoutons le chasseur.

« Par une douce matinée, le 21 août, en l'année 1842, mon sommeil fut interrompu par un jet lumineux s'infiltrant à travers le damas de ma fenêtre qui avait vue sur l'orient, c'était un rayon tiède et rose de l'aurore. Il pouvait être au plus quatre heures et demi du matin : déjà le murmure cadencé de la mer rentrante, roulant sur les galets, m'annonçait que je n'avais pas un moment à perdre, si je voulais tirer partie de la grande mer d'août, cette haute marée que l'on a nommée, si à propos, "grande mer des alouettes".

Il est vrai, j'avais peu loin à aller pour me rendre au théâtre de mes futurs exploits. Besoin n'était que de descendre la pente de la petite éminence dont le pied est baigné par les hautes eaux du fleuve et dont le sommet, coiffé d'un massif d'érables, laisse apercevoir une longue maison blanche, à toiture noire et à persiennes brunes. C'était le manoir du Seigneur McPherson, mon vieil oncle qui, depuis près d'un quart de siècle, entouré de sa famille, y coulait des jours dorés. Mes vacances de séminariste étaient déjà fort entamées, sans que j'eusse eu le temps de m'en apercevoir, tant avait d'attrait pour moi le séjour de l'île giboyeuse où mon respecté parent dispensait l'hospitalité avec le laisser-aller des honnêtes gens qui vivaient aux temps homériques. Homme spirituel autant qu'excellent tireur, aimable raconteur, il se plaisait surtout à distraire les jeunes amis que la belle saison ou les vacances amenaient sous son toit, par le récit de ses aventures de chasse ou de ses voyages sur mer, sans oublier un épisode où il figurait, bien jeune, comme prisonnier de guerre en Espagne. Ainsi s'écoulait douce et bien remplie la vie du propriétaire de l'île enchanteresse que deux siècles auparavant M. de Montmagny s'était fait concéder de la Compagnie de la Nouvelle-France, comme lieu de chasse; c'est là, si on en croit l'histoire, que le Nemrod français venait, chaque automne, tout en pourchassant canards et bécassines, oublier les soucis de la vie publique. Certes il n'avait pas mauvais goût, notre ancien gouverneur.

Ô vous tous disciples du grand saint Hubert, et vous amants de la belle et grandiose nature du Canada, désirez-vous apprécier le charme de cet endroit? Veuillez donc m'accompagner dans ma course matinale. D'abord, avant d'endosser fusil et gibecière, descendons à la salle à manger, nous fortifier contre les humides vapeurs du matin; un vaste bol de lait fumant nous attend sur le buffet :

nous y ajouterons deux œufs frais, pondus la veille par des Dorkings et des Black spanish, du sucre *ad libitum et more majorum*, quelques cuillerées d'une eau-de-vie pâle et vieille, tout comme si M. l'abbé Chiniquy n'eut jamais, en 1840, entrepris une croisade contre les spiritueux. Cette prescription religieusement remplie, en avant, mes braves!

— Ah!! Mossieur, s'écrie le garçon de ferme, un jouvenceau portant un chapeau de paille, de dimensions phénoménales, vous alliez oublier que c'est aujourd'hui la grand'mer des alouettes : emportez-donc en sus avec vous, des paniers!

C'est qu'en effet, le mois d'août est, par excellence, le mois des alouettes, le premier gibier de grève de la saison de chasse. Vers le vingt de ce mois, les bandes commencent à arriver des pays du nord. Leurs volées sont peu nombreuses d'abord; puis, elles deviennent plus considérables; puis, on les compte par myriades. Vous entendez leurs voix dans les airs, qui, cependant à peine arrive jusqu'à vous, tant leur vol est élevé; elles tournent, tournent à cette hauteur, pour explorer leur cher pays de passage et, dans leurs gyrations, elles se rapprochent de plus en plus de la terre; enfin leurs joyeux cris sont distincts et vous voyez leurs escadrons ailés décrire mille et mille évolutions dans l'élément diaphane, au sein duquel ils flottent avec tant de légèreté et de grâce.

Le moment de prendre terre arrivé, les alouettes longent les arbres de la forêt, les falaises de la côte, descendent comme des tourbillons vers les plages et les eaux du fleuve qu'elles rasent à les toucher, s'élèvent de nouveau, redescendent encore et finissent par s'abattre sur les bancs de sable qu'elles couvrent de leurs flocons mouvants. Il faut ainsi les voir tomber, comme une grosse bordée de neige grise, sur les Battures aux alouettes, à l'entrée du Saguenay; sur les Bancs de Portneuf, vis-à-vis de Rimouski; sur la Batture de Manicouagan, et autres endroits où leurs essaims sans nombre semblent se donner rendez-vous, à la fin d'août, chaque année.

C'est de ces chefs-lieux de réunion qu'elles se répandent par bandes moins considérables, bien que nombreuses encore, sur tous les rivages de notre grand fleuve.

— Baissez-vous à terre, bien bas; silence!!!

— Saints du paradis! quelle nuée de volatiles!

Chacun, alors, de se couler à terre, et la mouvante colonne, après avoir rasé l'eau rapidement, se forme en une vaste spirale, se replie sur elle-même, chaque individu, faisant reluire au soleil sa blanche poitrine, s'élève de quelques pieds au-dessus du rivage, et se rue sur le sable comme un tourbillon.

Mes camarades, comme abasourdis de cette avalanche de gibier, se préparaient à faire feu, lorsqu'un signal de ma part les arrêta. Chacun sait combien sont peu farouches les alouettes du mois d'août. Pour peu qu'on y aille avec mesure, il est facile de conduire devant soi le vol entier qui s'occupe industrieusement, en courant, à recueillir des graines de plantes marines dans le "rapport", au moment où il atterrit.

Ayant réussi cette fois à faire attrouper les alouettes sur un petit banc de rocher entouré d'eau à quelques pieds de la rive, je lâchai, sans remuer, mon coup de fusil sur leurs bataillons serrés, les prenant à la file. Le rocher resta jonché de morts; les survivants prirent leur essor en tournoyant.

Quelques minutes plus tard et au moment où les ailes tendues et presque immobiles, elles se posaient au milieu du sinistre, mes camarades firent feu ensemble. Le résultat de nos décharges nous donna cent pièces de gibier. Le garçon de ferme, après tout, n'avait pas tort : les paniers n'étaient pas de trop.

Moissonner davantage et sans fatigue, de si nombreuses victimes, n'était-ce pas déroger aux canons de la vénerie?

Nous le pensâmes et, expédiant au manoir nos paniers gonflés, nous nous dirigeâmes à la fraîcheur du matin, vers la vaste batture qui réunit à marée basse l'Île-aux-Grues à la petite Île-aux-Oies, espérant découvrir, le long du chenal, dont les rives sont frangées d'ajoncs, quelques sarcelles ou pluviers des champs. »

L'OIE DES NEIGES

Dans la littérature, la première allusion à l'archipel de l'Île aux Grues se trouve dans les *Relations* des Jésuites sous la plume du missionnaire Paul Lejeune. Cela concerne les oiseaux sauvages, les oies, les canards et les oiseaux de plage qui, semble-t-il, foisonnaient.

Le plus célèbre chasseur des îles reste sans contredit M. de Montmagny qui, hélas, ne laissa pas d'écrits. « On n'a, dit LeMoine, d'autres rapports que les faibles traces de la tradition, des brillantes chasses qu'il faisait annuellement sur les bords verdoyants et marécageux de ses îles, des canards noirs, sarcelles et bécassines qu'il servait rôtis à sa petite cour dans l'enceinte sacrée du Château Saint-Louis. »

Situées à distance de rames de Québec, les îles de Montmagny attirent tout de suite les chasseurs, maîtres ou valets. Les maîtres, néanmoins, font vite valoir leurs droits seigneuriaux comme en fait foi cette ordonnance de l'intendant. « Sur les plaintes qui nous ont été portées par le sieur de Touville, aide-major des Troupes, Seigneur des Îles aux Grues, au Canot, Sainte-Marguerite et la Grosse Isle, que plusieurs particuliers tant de cette ville, que des dites isles et des côtes voisines s'ingèrent de chasser dans lesdites isles, quoiqu'il n'y a que le Seigneur qui ait le privilège à lui accordé par ses titres, à quoi il nous aurait requis de pourvoir, nous faisons très expresses défenses à toutes personnes de chasser dans l'étendue des dites isles et Seigneuries sous quelque prétexte que ce soit sans la permission du sieur de Touville et à peine de dix livres d'amende contre les contrevenants, et de confiscation de leurs armes et canots au profit du dit seigneur. Faite à Québec, 20 mars 1731. »

À cette époque, on chasse tant au printemps, de mars à mai, qu'à l'automne, c'est-à-dire à partir

d'août jusqu'à ce que cessent les vols migratoires. On chasse absolument tout : non seulement les palmipèdes, mais les échassiers et tous les oiseaux de rivages, même les oiseaux rares comme les grues et les cygnes. Buffon a déjà raconté une de ses chasses aux grues. Chez nous, le vieux gouverneur Boucher parle des cygnes canadiens comme d'oiseaux qu'on tuait tous les jours.

Encore en 1825, on rapporte qu'un cygne est tué à l'île aux Grues. Le seigneur du temps, Daniel McPherson, l'offrira au gouverneur qui le fait empailler par le taxidermiste Pierre Chasseur.

LeMoine raconte ses chasses avec force détails sans jamais évoquer toutefois la chasse aux oies blanches. C'est d'autant plus étonnant qu'aujourd'hui près d'un demi-million d'oies blanches séjournent annuellement entre le cap Tourmente et les îles de Montmagny. Non seulement s'agit-il du

un vide biologique que l'oie blanche aura tôt fait d'occuper. La grande oie des neiges reste la maîtresse incontestée de l'archipel de l'île aux Grues.

LA VIE MODERNE

La fin du régime seigneurial marque le début de l'ère moderne dans l'île aux Grues et ses voisines. La vie des insulaires en reste cependant peu affectée. Bien sûr, le tracteur a remplacé les bœufs, et l'avion, le canot à glace. Mais la vie est toujours aussi simple et paisible, les travaux de la ferme réglés par les saisons, et la chasse aux oies soumise à la migration des oiseaux.

Tant vaut la batture, tant vaut l'île. Les îles de Montmagny, toutes propriétés privées, sauf Grosse île et l'île aux Grues, voient encore leur valeur fixée par l'abondance du gibier. Aucune industrie, aucun projet domiciliaire, aucun centre de villégiature; que des cultivateurs et des chasseurs, les premiers hébergeant les seconds. L'été, on peut voir le manoir De Beaujeu avec son âtre gigantesque. Quant aux chenets, donnés par le roi Louis XIV au premier propriétaire, ils sont aux mains d'un collectionneur.

C'est à pied ou à vélo qu'on peut le mieux apprécier le charme bucolique de l'île aux Grues. Les oies blanches s'y arrêtent longuement à la mi-octobre et se rassemblent dans l'anse nord. On peut alors admirer des volées de plusieurs dizaines de milliers de grands oiseaux des neiges qui, d'un signal imperceptible, tournent sur l'aile et se découpent sur la pourpre et l'écarlate du cap Tourmente. C'est ce décor incomparable qui inspire depuis nombre d'années l'un des plus grands peintres de l'histoire du Québec, Jean-Paul Riopel.

Cependant, sous la surface bleu acier du fleuve, les mêmes dangers guettent encore le marin étranger. Récemment, on mit à l'eau un bateau moderne et suréquipé destiné à faire visiter les îles de cet archipel à partir de Montmagny : il coula dès sa première sortie.

gibier le plus important de toute la région, mais encore il représente une valeur économique de premier ordre. On conclut qu'à la fin du siècle dernier les oies blanches, les grandes oies des neiges, étaient très peu nombreuses à cet endroit, quelques milliers à peine, plus méfiantes que les autres oies et considérées, par conséquent, comme impossibles à chasser.

À l'époque de Montmagny, les oies sauvages, ce sont l'outarde et la bernache, aujourd'hui appelées bernache du Canada et bernache cravant. Ces deux anatidés abondent aux temps de migration, c'est-à-dire au printemps et à l'automne. Leur destination n'est pas éloignée : l'île Verte un peu en aval, où elles se nourrissent d'une plante nommée « mousse de mer » ou herbe à bernaches. Plus tard exploitée commercialement, cette plante disparaîtra vers 1930. Les bernaches quittent alors la région, créant

L'ÎLE AUX COUDRES, L'ÎLE QUI DORT

« Le sixième jour du dit mois, avec bon vent fimes courir à mont le dit fleuve environ
quinze lieuës, et vimmes poser à une Île qui bort à la terre du Nord, laquelle fait
une petite baie et couche de terre, à laquelle y a un nombre inestimable de grandes tortues,
qui sont ès environs d'icelle Île. Pareillement par ceux du païs se fait ès environs d'icelle Île,
grande pêcherie des Adhothuis cy devant écris. Il y aussi grand courant ès environs de la dite
Îsle, comme devant Bordeaux, de flot et ébe. Icelle Île contient environ trois lieues de long,
et deux de large, et est une fort bonneterre et grasse, pleine de beaux et grands arbres
de plusieurs sortes : entre autres y a plusieurs Coudres franches que trouvasmes fort chargées
de Noizilles aussi grosses et de meilleur saveur que les nostres, mais un peu plus dures.
Et pour ce la nommames l'Isles ès Coudres. »

JACQUES CARTIER, le 6 septembre 1535

PAR temps clair, de la pointe est de l'île aux Oies ou de l'île au Canot, se profile au loin l'île aux Coudres à l'embouchure de la rivière du Gouffre, entre les deux bras ouverts de Baie-Saint-Paul, contre la côte de Charlevoix. C'est une île belle et grande, en forme de triangle : elle fait onze kilomètres sur cinq, avec des forêts, des tourbières et des champs cultivés.

À l'exemple de Jacques Cartier qui là mouilla la *Grande Hermine*, la *Petite Hermine* et *l'Émérillon*, fit célébrer la première messe en terre canadienne et prit quelques heures de repos, tous les navigateurs français s'y arrêtent avant d'accoster à Québec. Au centre nord de l'île, le mouillage est large et profond; il offre une excellente protection contre le vent dominant, le vent d'ouest, et contre le vent d'est, porteur des tempêtes de l'Atlantique. Les battures ne présentent pas d'obstacles et la marée est d'une assez grande ampleur : on peut donc mettre les bateaux à sec pour effectuer, à l'étal, quelques réparations mineures. On s'arrête aussi à l'île pour se reposer d'une traversée qui a duré trois mois non sans quelques difficultés. Voilà déjà des signes de la vocation ultime de l'île aux Coudres.

D'après les apparences, on pourrait croire que l'île aux Coudres s'est un jour détachée de la rive nord. Tel n'est pas le cas : elle vient du soulèvement marin qui donna naissance aux Appalaches à la période géologique de l'Ordovicien, il y a cinq cents millions d'années. Les grès verts et rouges de Saint-Bernard-sur-Mer résultent, pour leur part, de trente millions d'années de sédimentation.

Beaucoup de voyageurs sont d'avis que, de toutes les îles du *Grand fleuve*, l'île aux Coudres est la plus belle. Une chose est certaine, elle offre une grande diversité d'attraits sur une surface réduite. Sa rive nord se dresse haute et fantasque défiant les crêtes de Charlevoix situées juste en face. De cap Martin à cap aux Corbeaux, la côte présente un front hautain et magnifique, puis ouvre langoureusement ses bras comme pour inviter l'oiseau et le regard à se poser sur la batture de Baie-Saint-Paul.

La rive ouest de l'île aux Coudres, qui forme la paroisse de Saint-Louis, est découpée, variée et elle recèle mille recoins charmants. Quatre ruisseaux s'y jettent; les oiseaux de mer s'y rassemblent tout comme les éperlans et les sardines; la vie se manifeste de toutes parts.

Exploitation de la tourbe à l'île aux Coudres.

Sa rive sud, nommée La Baleine à cause d'un cétacé échoué, offre une longue plage rectiligne et romantique, embaumée par le varech et les églantiers, donnant à perte de vue sur la mer.

Cartier aime beaucoup l'île aux Coudres et y revient l'année suivante. Il note la présence de nombreuses tortues, peut-être des tortues luths disparues depuis, et une grande abondance de cétacés tout blancs qu'il voyait pour la première fois : les Adhothuis. On aura reconnu le béluga, mammifère marin qui fera plus tard la fortune des insulaires. Les indigènes le chassent déjà, écrit l'explorateur, et le considèrent bon à manger en plus de fournir un cuir précieux.

De retour en mai 1536, Cartier passe neuf jours dans le mouillage, prisonnier des courants qui sont par moments très forts, assez pour rendre la navigation dangereuse. Il a un invité à bord : le chef Donnacona dont certains sujets viennent du Saguenay en canot lui offrir des fourrures et, objet inusité, un grand couteau de cuivre. Cartier apprend que le cuivre rouge, « caquetdazé » en langue autochtone, vient de cette région.

Mis à part les bélugas, les explorateurs trouvent finalement peu de choses dans cette île pourtant si jolie : pas d'animaux à fourrure, pas beaucoup de canards ni d'oies; que des orignaux libres de prédateurs. Ils seront vite mis à la broche!

Puis pendant près d'un siècle et demi, l'île aux Coudres sera presque oubliée. Seuls les marins

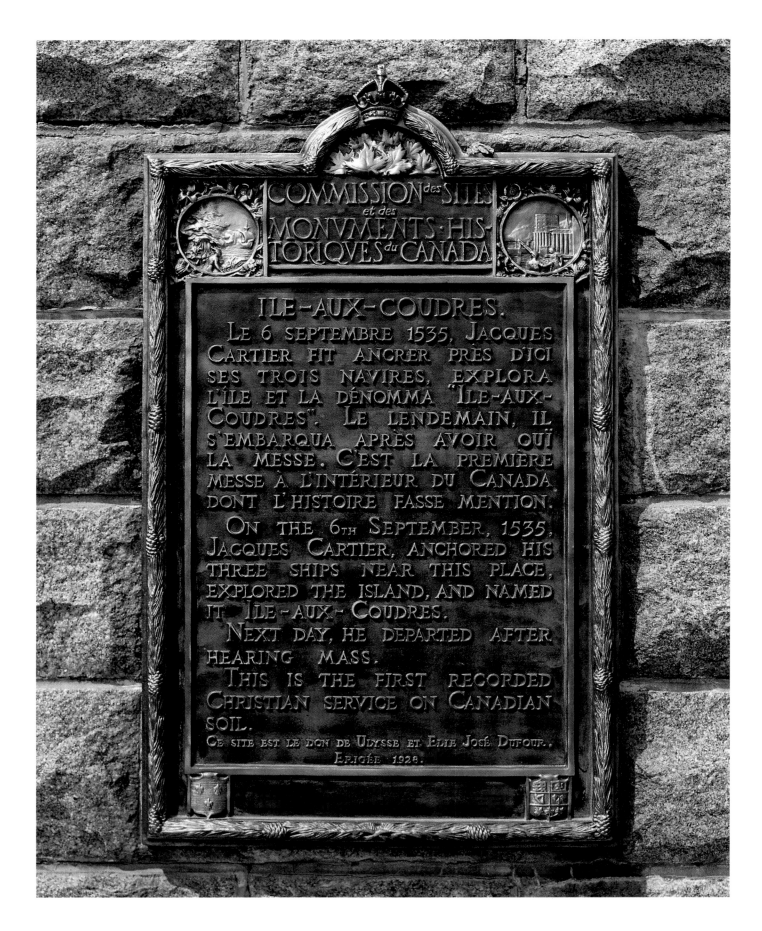

Croix en mémoire du passage de Jacques Cartier. Cette croix domine le mouillage du même nom.

français en route vers Québec s'y arrêtent pour faire provision d'eau douce, laver leurs vêtements au ruisseau de la Lessive ou attendre de meilleurs courants. Non pas, toutefois, les marins anglais qui, contrairement aux premiers, naviguent le long de la rive sud du Saint-Laurent.

Dans ce pays tout neuf, il y a bien d'autres terres à coloniser en des endroits certes moins attrayants, mais d'un climat plus favorable. Ce n'est qu'en 1677 que l'île aux Coudres voit son premier colon. Le gouverneur, le comte de Frontenac, concède l'île à Étienne Lessard. Au bout de dix ans, pauvre et découragé, Lessard vend son titre aux messieurs du Séminaire des Missions étrangères de Québec pour un plat de lentilles, soit cent francs.

La colonisation ne commencera qu'en 1728. Lentement, d'ailleurs, puisque le recensement de 1765 ne dénombre que deux cent treize âmes. En revanche, celui de 1782 fera état de 59 maisons, autant de granges, une église, deux presbytères et deux moulins. Un siècle plus tard, la population dépassera les six cents habitants et l'agriculture est à son apogée.

LE CAPITAINE COOK, ESPION

Au cours des années précédant la conquête définitive du Canada par les Anglais, le capitaine James Cook, que ses voyages en Océanie rendront plus tard célèbre, explore le Saint-Laurent. On signale sa présence en divers endroits, notamment à l'île d'Orléans où il séjourne longuement. Ce jeune capitaine de trente ans est discret, très discret. En fait, il se livre à l'espionnage au profit de l'Angleterre.

Ce qu'on ignore souvent chez Cook, c'est sa compétence de géographe. Vu les dangers de la navigation entre le cap Tourmente et l'île aux Grues,

Cook s'ingénie à tracer des itinéraires de navigation au bénéfice de la flotte anglaise de Wolfe et de son bras droit, l'amiral Durell. Comme les bateaux français naviguent au nord, Cook travaille au sud. Il note soigneusement ses observations qui serviront longtemps : même après la conquête, les vaisseaux anglais continueront de longer la rive sud.

C'est Durell qui, le premier, menace l'île aux Coudres avec sept vaisseaux de ligne et quelques frégates. Wolfe le rejoindra le 19 juin 1759. L'île compte alors une trentaine d'habitants et Baie-Saint-Paul, en face, moins de cent. Les familles des deux localités se réfugient dans les bois jusqu'à l'automne en compagnie de leur curé, M. Chaumont.

L'île aux Coudres abrite les plus beaux sorbiers du Québec.

Comme l'Anglais n'a pas détruit les rares habitations, sauf le moulin à farine, chacun rentre chez soi au service d'un nouveau maître. On reprend alors une vie pastorale et sans histoire. L'île s'est rendormie.

LA VIE D'AUTREFOIS

Contrairement à ceux des autres îles du Saint-Laurent, les habitants de l'île aux Coudres ne peuvent pas compter sur quelque manne, mis à part les bélugas et un peu de varech. Pas de récoltes faciles comme aux îles de Sorel, ni de marché

La chapelle de procession de l'est

extérieur comme à l'île d'Orléans, ni de riches propriétaires comme dans l'archipel de l'Île aux Grues.
Ils cultivent une terre fertile, mais doivent contrer
un climat rigoureux. Un seul objectif : l'autosuf-
fisance. Chaque famille possède sa maison et son
cheval. On élève assez de moutons pour fournir la
laine; on cultive assez de lin pour tisser les vêtements; on récolte assez de fourrage pour faire vivre
un petit troupeau.

La récolte du grain pose toutefois problème : on
doit aller le faire moudre sur la côte. Faute d'un
débit d'eau suffisant pour alimenter un moulin, on

érige finalement un moulin à vent sur la rive ouest, à
la pointe de l'Îlette, en 1763. Dix ans plus tard, afin
de limiter les déplacements, on en construira un
second sur la rive sud, à La Baleine.

Comme ils pêchent près du rivage et ne pratiquent aucun commerce extérieur, les insulaires
utilisent peu de bateaux. On se servira longtemps du
canot d'écorce pour se rendre à Baie-Saint-Paul et
d'embarcations creusées dans des troncs d'arbres,
phénomène unique dans l'histoire du Canada.
D'aussi fragiles embarcations causeront de nombreuses noyades : bien que la distance d'une rive à

Pages suivantes :
L'île aux Coudres vue de la côte de Charlevoix

l'autre ne soit que de trois kilomètres, les courants, selon les marées, peuvent être dangereux. Puis, provoqués par les mouvements d'air au cœur des montagnes environnantes, les orages éclatent sans prévenir.

La mer fournit le poisson et les loups-marins, phoques dont la chair est comestible et l'huile fort précieuse. La mer dépose pour ainsi dire le varech à la porte de chaque maison. Il s'agit de longues « flammes », herbes de quatre à dix pieds de longueur qui, providentiellement, croissent aux mauvaises années de récolte du côté nord de la grande batture et dont le bétail raffole. Une autre sorte de varech est utilisée pour enrichir le sol; les pommes de terre qui bénéficient du varech ont le meilleur goût.

LES TREMBLEMENTS DE TERRE

Les tremblements de terre sont peu fréquents au Québec et cela nous donne l'impression de n'être pas concernés par de tels cataclysmes. De mémoire d'homme, deux tremblements de terre ont marqué le Québec, et comme ils ont tous deux ébranlé la région de Charlevoix, c'est à l'île aux Coudres qu'ils ont été le plus vivement ressentis. Cela s'explique ainsi : la masse de l'île est infime comparée à celle de la côte et, n'étant éloignée que de quelques kilomètres au large, elle se trouve agitée comme si elle était suspendue à un ressort.

On peut imaginer la terreur des insulaires à cette époque où le mot « sismologie » ne courait pas sur les lèvres. Peur d'être engloutis dans les entrailles de la terre; peur d'être brûlés vifs dans la maison chauffée au bois ou éclairée par des lampes à l'huile; peur des courants du fleuve décourageant toute fuite. Vers quoi se tourner, sinon la miséricorde du Très-Haut.

Voici le témoignage d'un insulaire, à la suite du tremblement de terre du 7 décembre 1791.

« La première secousse de ce tremblement de terre se fit sentir vers les huit heures du soir, la veille de la fête de Notre-Dame des Avents, en l'année 1791. Notre famille jouait aux cartes avec deux voisins, venus passer la veillée avec nous. Cette première secousse fut telle qu'une corde de bois, entrée dans la maison par précaution, fut culbutée de fond en comble; la maison fut en partie décrépite; la cheminée fendue et toute délabrée, et de ce crépit tombé sur le plancher s'éleva une poussière tellement épaisse qu'on pouvait à peine respirer et voir les objets. Les voisins qui veillaient avec nous coururent chez eux. L'un trouva la lampe qui éclairait sa maison détachée de la crémaillère où elle était suspendue, et tombée sur le plancher. Tous les deux trouvèrent leurs poêles démontés et leurs familles dans la plus grande consternation. Après la première secousse du 7 décembre, la terre fut agitée pendant toute la nuit par de petits coups. Elle nous semblait dans un cahotement continuel. Toute la population de l'île fut saisie de terreur, car nous nous attendions que la terre allait s'entr'ouvrir et nous engloutir. J'ai vu de mes yeux une planche, clouée sous une poutre, se déverser tellement qu'elle laissait échapper ce qu'on avait placé dessus.

Les moins dévots comme les autres passèrent toute cette première nuit en prière, et je vous déclare que nous priions tous ardemment, sinon de grand cœur et dévotement.

Dans leur désolation et leur frayeur extrême, les gens de l'île eurent recours à Dieu et à M. Charles Duchouquet, qui était alors notre curé, et je vous assure qu'il était bien aussi effrayé que nous, et ce n'était pas sans raison.

Le lendemain de cette effrayante nuit que nous avions passée, c'était le jour de Notre-Dame. Plusieurs habitants furent trouver notre curé pour le supplier d'intercéder auprès du bon Dieu, afin d'apaiser sa colère; car nous comprenions bien qu'il était irrité contre nous. M. Duchouquet leur dit qu'il fallait envoyer quelques-uns des hommes de l'île à Québec, pour avoir de Mgr Hubert la permission de faire des prières publiques pour implorer la miséricorde de Dieu.

Non contents de s'être adressés à notre curé, plusieurs habitants décidèrent d'aller voir M. Pierre-

Le printemps en fleur à l'île aux Coudres.

Prisque Gagnon, curé de la Baie-Saint-Paul, pour le prier de nous aider à implorer la miséricorde de Dieu. Le lendemain de la fête, le 9 décembre, malgré les difficultés de voyager par eau à cette époque de l'automne, quelques-uns de nos hommes les plus capables s'emparèrent d'un des gros canots de bois et traversèrent à la Baie-Saint-Paul pour voir M. Gagnon. Ils revinrent le lendemain, et les rapports qu'ils nous firent augmentèrent encore notre dévotion. M. Gagnon leur avait dit que deux fortes secousses se feraient sentir huit jours après la première, et à la même heure, et qu'une dernière secousse, plus forte que toutes les précédentes, aurait lieu au bout de quarante jours, aussi à la même heure; enfin, qu'entre la première et la dernière, des secousses auraient lieu très fréquemment, de jour et surtout de nuit, mais moins violentes que celles qu'il avait désignées.

Le duo de moulin à eau et moulin à vent est unique au Québec.

Au bout de ce temps, nous ne pouvions plus vivre. Il fut résolu de suivre la décision de notre curé, et d'envoyer à Québec deux hommes auprès de Monseigneur pour avoir la permission de faire des prières publiques. Deux hommes des plus capables se firent traverser au nord et se rendirent à Québec avec de grandes peines et des fatigues extraordinaires. Ils ne furent de retour que huit jours après leur départ. Monseigneur prescrivit une neuvaine publique, aux messes de laquelle le Saint-Sacrement devait toujours être exposé.

Malgré toutes nos prières et les messes que nous faisions dire, les secousses du tremblement continuaient toujours, et notre frayeur avec elles. Pendant le jour, où elles nous semblaient moins violentes, chacune des familles demeurait dans sa maison, mais lorsque la nuit arrivait, les familles de l'île se réunissaient par quatre ou cinq, dans les maisons qui paraissaient les plus solides, pour y passer la nuit, pendant laquelle nous ne pouvions guère dormir, car bien souvent les maisons craquaient, étaient agitées, tremblaient sur leurs fondations. Combien le temps nous paraissait long! Et les dernières secousses que nous attendions nous effrayaient d'avance.

Enfin, au milieu de ces craintes, de ces terreurs et de ces angoisses arrivait le seize janvier, où nous attendions d'être engloutis tout vivants dans la terre. La veille de ce dernier jour, où nous devions périr ou être délivrés de nos terreurs, chacun de nous conjura la miséricorde de Dieu de se laisser enfin toucher par nos larmes et les larmes des petits enfants, dont la crainte et la peur étaient portées à leur comble.

Il arriva, ce seize de janvier, et, sur les huit heures du soir, une effrayante secousse survint tout à coup, sans se faire annoncer. Et toutes les maisons et la terre furent agitées d'une manière épouvantable. Nous pensions être à notre dernière heure. Nous nous jetâmes tous à genoux en criant vers Dieu de nous prendre en compassion. Mais nous ne devions pas périr. Dieu eut pitié de ces pauvres insulaires de l'Île-aux-Coudres. Après plusieurs minutes, longues comme des mois, les commotions semblaient diminuer de violence. Et après, je pense, un gros quart d'heure, elles cessèrent complètement. Nous reprîmes courage. Nous étions sauvés de la destruction.

Depuis ce temps, toute commotion cessa. Nous respirâmes enfin. Mais la crainte que d'autres secousses ne survinssent plus tard, tint toute la population de l'île dans l'appréhension pour le reste de l'hiver. »

On peut croire que les enfants furent profondément traumatisés par cet événement qui semait la panique chez leurs parents et même chez leur pasteur. Il est possible que certains d'entre eux fussent encore en vie quand le second séisme mémorable secoua l'île de nouveau, en 1870.

Le 20 octobre de cette année-là règne un calme parfait : il fait beau, il ne vente pas. Sans préavis, un épouvantable bruit se fait entendre. Comme un roulement de tonnerre voyageant du nord-ouest vers le sud-est, il produit sur les bâtisses un choc semblable à celui d'une puissante machine de guerre contre une tour. Les maisons sont secouées, les poêles tombent en pièces, des meubles sont renversés, presque toutes les cheminées sont démolies, quatre maisons de pierre s'effondrent. Des fentes de dix-huit pieds de profondeur apparaissent dans les rochers. De l'avis de tous, une minute de plus, et pas une seule maison ne serait restée debout. Pourtant, les habitants de Baie-Saint-Paul et des Éboulements sont cette fois plus touchés que ceux de l'île aux Coudres. Les secousses se firent sentir pendant quatre mois. Est-ce fatalisme, bravoure ou bravade, toujours est-il que les habitants de l'île aux Coudres tiennent le coup; la colonisation ne semble pas en avoir été affectée.

LA PÊCHE AU MARSOUIN

Sauf le décor exceptionnel qui les entoure, les habitants de l'île aux Coudres ne sont guère choyés par la Providence. On voit bien quelques arrivages spontanés de lagopèdes certains hivers où le verglas oblige ces oiseaux du Grand Nord à chercher leur pitance au sud. Mais ce serait tout si l'on perdait de vue les bélugas dont le nom vient du russe « Belukha ». Grouillantes de capelan et de hareng, les eaux froides du fleuve cachent un prédateur privilégié : le béluga. Les premiers habitants du Bas-Saint-Laurent considèrent le béluga comme un poisson et l'appellent faussement « marsouin ». Plutôt que de chasse au béluga, on parlera de « pêche au marsouin » parce que l'animal vit dans la mer et qu'aucune arme à feu n'est utilisée contre lui.

Du béluga, on tire d'abord l'huile pour l'éclairage des maisons et pour enduire les « bottes à manche », sorte de cuissardes. Peu à peu, le béluga trouvera une vocation industrielle. Cartier n'avait-il pas noté que les blancs cétacés abondaient autour de l'île aux Coudres? Toutefois, la pêche au marsouin demande une sérieuse organisation qu'on prendra du temps à mettre au point.

C'est en face, sur la rive sud, que les méthodes progresseront. On pratique la pêche au marsouin à l'embouchure de la rivière Ouelle bien avant que les insulaires ne viennent se perfectionner. Mais une fois la leçon apprise, ceux-ci s'en souviendront longtemps, puisqu'ils seront les derniers chasseurs traditionnels au pays comme en témoigne le fameux film documentaire *Pour la suite du monde* dans lequel les insulaires font revivre une scène de chasse.

Un document inédit nous laisse un autre témoignage d'une chasse au béluga. La narration est tirée des mémoires du colonel Oscar C. Pelletier, ancien commandant du septième district militaire de Québec. Au moment où le colonel rédige ses mémoires à l'intention de ses enfants (1940), il est âgé de soixante-dix ans et ce qu'il raconte au cours de l'extrait suivant devait se passer vers 1875, alors qu'il était enfant. À l'instar des gens de la mer, il parle de la chasse comme d'une pêche.

« Avant d'entrer dans la description de la pêche elle-même, je crois devoir vous mettre en garde à l'égard d'une commune erreur qui existe dans notre province relativement au nom du cétacé dont il est question ici. Ce que l'on appelle ici communément marsouin n'est pas du tout le marsouin dont les naturalistes donnent la description. »

Ici, l'auteur donne force références scientifiques pour démontrer que la petite baleine blanche en cause est bien le béluga (*delphinapterus leucas*). Poursuivons.

« Après cette longue dissertation et mise au point sur le véritable nom du cétacé, dont je vais tenter d'esquisser la manière de le capturer, je continuerai de lui donner sa désignation locale de marsouin sous laquelle il est mieux connu ici; cela me permettra d'être plus clair et m'épargnera de nouvelles thèses sur son classement et sa dénomination scientifique. La première tentative de capturer le marsouin paraît, selon les archives de la

Rivière-Ouelle, avoir été faite vers 1698, par Charles Denys, Sieur de Vitré, membre du Conseil souverain. Au printemps de 1701, Monsieur de Vitré fit un nouvel essai entre les îles de Kamouraska et la terre ferme : à différentes époques depuis, on a essayé de prendre le marsouin, entre autres dans l'anse de Sainte-Anne-de-la-Pocatière; mais aucun de ces essais n'a été assez productif pour encourager à la continuer d'une manière permanente; il faut cependant excepter l'île aux Coudres où l'on a, depuis assez longtemps, fait la pêche aux marsouins avec un certain succès. La première concession de la pêche aux marsouins fut faite le 20 juillet 1707 à six habitants de la Rivière-Ouelle, par l'intendant Raudot, et depuis on a jamais cessé d'y tendre; cette industrie a été fort lucrative jusqu'à ces dernières années.

Le piège qui sert à la pêche aux marsouins est construit avec des perches de 18 à 20 pieds de longueur, plantées à environ un pied et demi les unes des autres, sur la batture qui assèche à cet endroit à environ un mille de la ligne de la haute marée. La "tenture" (telle est la désignation locale de l'action de préparer la pêche) exige chaque année 7 200 perches. Le demi-cercle que forme la pêche a trente-huit arpents ou un mille et un tiers de longueur, et se termine, à cinq arpents du bout de la pointe formée par le Saint-Laurent et la rivière Ouelle, par une courbe plus rentrante qu'on appelle le "raccroc" : le "accroc" ferme cette ouverture. On a coutume de tendre la pêche du 8 au 25 avril, époque à laquelle arrive le capelan qui vient frayer le long de la grève. Comme ce menu poisson forme la plus abondante pâture du marsouin au printemps, c'est alors que celui-ci se rapproche de la terre et se met à sa poursuite. L'heure de la marée montante est aussi l'heure de son repas. Il est maigre et affamé lorsqu'il fait son apparition, mais il se gorge d'aliments avec une telle voracité qu'en huit ou dix jours il acquiert cinq ou six pouces de graisse; c'est cette couche grasse qui le recouvre en entier que les pêcheurs nomment "capot"

Le béluga et le rorqual commun fréquentent encore aujourd'hui les abords de l'île aux Coudres.

Telle un grand cétacé échoué, la goélette *G. Montcalm*
finit ses jours sur la batture ouest de l'île aux Coudres.

Le spectacle qu'offrent les troupeaux de marsouins à l'heure où ils pêchent en cotoyant le rivage est unique en son genre. J'ai été plusieurs fois témoin d'une pareille scène lorsque j'étais enfant et je ne l'oublierai jamais. Comme la mer a peu de profondeur en cet endroit, les marsouins nageaient presque toujours à la surface, et l'on pouvait facilement voir les jets d'eau que lançaient leur évent.

C'est en poursuivant leur proie que les marsouins s'engagent dans la porte de la pêche. Dès qu'ils l'ont franchie, l'instinct leur fait prendre le large pour chercher l'eau plus profonde; ils rencontrent alors cette rangée de perches dont les extrémités agitées par le courant s'entrechoquent et les effraient. Ils se montrent inquiets et ne reparaissent plus guère à la surface; ils se réfugient ordinairement dans les deux endroits les plus profonds de la batture, que les pêcheurs nomment la "mer plate" et la "mer creuse".

À l'époque de grandes marées, ou mers de "vives eaux", la batture assèche au point que les marsouins échouent; et il est alors facile de les tuer; mais durant les petites marées ou mers des "mortes eaux", l'eau baisse beaucoup moins, et ils peuvent nager sur une étendue assez considérable. La chasse devient alors un spectacle émouvant; il faut suivre le marsouin en canot afin de le harponner. Le harpon est un dard muni d'oreillettes qui s'ouvrent quand on veut le retirer. Il est long d'environ deux pieds et attaché à une courroie, dont une extrémité est retenue par le harponneur en avant du canot. En se sentant piqué, le marsouin bondit à la surface de l'eau, plonge et se roule pour se débarrasser du trait qui le blesse, et s'enfuit de toute sa vitesse, entraînant à sa suite le canot par la corde que retient le harponneur. L'eau en peu d'instants devient toute rougie, car le marsouin a une quantité de sang considérable qui varie de huit à dix gallons. Malgré ces pertes énormes, le marsouin s'agite encore longtemps avant d'expirer. Lorsqu'il est possible de l'approcher sans l'aide des canots, les pêcheurs se servent de l'"esponton", qui est un dard ordinaire, fixé à un manche de six ou sept pieds; il s'agit de l'enfoncer immédiatement en arrière du soufflet, ce qui lui rompt l'épine dorsale. Les détails qui précèdent permettent de se figurer l'animation que présente la pêche aux marsouins, lorsqu'il y en a une cinquantaine dans les mares et qu'une vingtaine d'hommes sont à leur poursuite en canot ou à pied. Aussitôt que les marsouins ont été tués, un signal convenu est fait du large aux hommes sur le rivage, pour leur indiquer le nombre de chevaux requis pour les traîner à terre. L'opération de dépècement se fait immédiatement sur le sable du rivage. Un marsouin adulte peut donner jusqu'à trois cents pots d'huile, soit une barrique et demie. Pour donner une idée des profits que la pêche rapportait autrefois à la Rivière-Ouelle, il suffit de dire que l'huile s'est vendue un temps à un prix qui a varié de cent à deux cents piastres la barrique.

Je dois maintenant ajouter, en terminant les notes qui précèdent, que depuis la substitution de l'huile minérale à l'huile de marsouin comme lubrifiant pour les locomotives et autres engins à vapeur, le prix de l'huile de marsouin est tellement tombé, que les associés de la pêche ont perdu l'intérêt qu'ils prenaient dans cette industrie. »

Le béluga, aujourd'hui menacé d'extinction, ne fut donc pas décimé par la chasse. En fait, après une intense activité, celle-ci s'arrêtera faute d'un marché pour l'huile.

Du temps de la colonisation, jusqu'à sept installations de pêche au marsouin sont distribuées autour de l'île aux Coudres, chaque site étant soigneusement délimité par le chargé d'affaires que le Séminaire des Missions étrangères maintient sur place. En retour, le Séminaire, propriétaire de la seigneurie, prélève le tiers de la récolte d'huile à la sortie de la fonderie.

Les bonnes années, on harponne quelque trois cent vingt bélugas en une seule marée, ce qui rapporte des milliers de louis à l'économie de l'île. D'autres années, les marsouins ne viennent pas. On raconte qu'en 1802 les filets à marsouins ne se tendaient presque plus et que seules deux « pêches » à marsouins eurent lieu. Tout à coup, il arriva une telle quantité de harengs que les eaux du fleuve en étaient « épaisses »! Soupçonnant que cette quantité de harengs attirerait les marsouins, les concessionnaires se mirent à vérifier le bon état de leurs installations plus ou moins négligées depuis plusieurs semaines. Puis, un beau matin, une foule de cétacés apparut.

À la longue, la pêche aux marsouins aura un effet imprévu et dévastateur sur la forêt : comme elle requiert chaque année des milliers de perches, taillées dans le tronc de jeunes arbres, on en vient à décimer la forêt de l'île. En effet, emportées par les glaces au cours de l'hiver, on doit constamment les remplacer. Devant la menace de pénurie de bois de chauffage, on doit importer les perches de la côte non sans frais supplémentaires.

On ne chasse plus le béluga depuis longtemps; pourtant le nombre des petites baleines blanches continue de diminuer. Quand meurt un béluga, on prend soin de détruire ses restes : sa carcasse est tellement polluée qu'elle constitue elle-même un danger pour l'environnement.

UN ASTRONOME DANS L'ÎLE

De tout temps, l'astronomie n'a jamais cessé d'intéresser les chercheurs. Ils n'hésitent pas à se rendre aux quatre coins de la Terre pour assister aux rendez-vous des planètes. Au passage de Vénus en 1769, des observations ont lieu à trois endroits du globe : à Hawaï, à Gaspé et à l'île aux Coudres.

C'est le fameux capitaine Cook qui se rend à Hawaï pour la circonstance. Quant à l'île aux Coudres, elle voit arriver un visiteur inattendu : Thomas Wright, de l'Académie royale d'astronomie. Chargé d'observation pour l'Amérique du Nord, il débarque avec armes et bagages le 30 mai.

L'homme de science voulait s'arrêter à Gaspé, mais une tempête l'en empêche. Faisant contre mauvaise fortune bon cœur, le voilà à l'île aux Coudres, accueilli à bras ouverts par les insulaires. Un menuisier fixe ses instruments au coin de la première maison rencontrée et le savant se met à observer le ciel au grand ébahissement de l'entourage. Car la venue de l'astronome confirme, en effet, ce qu'ils ont toujours pensé : leur île est le centre du monde!

Le moulin à eau de l'île aux Coudres est parfaitement conservé…

LES DERNIERS MOULINS

Pas de pain sans farine et pas de farine sans moulin. Les insulaires ont bien construit quelques moulins à vent précaires à l'Îlette et à La Baleine mais leur rendement laisse à désirer. Ce sont de petits moulins à vent sans tour, de faible envergure.

Les habitants pensent que la rivière Rouge parviendrait à actionner un moulin à eau. Bien que les gens du Séminaire en doutent, ils permettent, en 1824, d'ériger un solide moulin en pierre. Passée l'euphorie du moment, on constate que le moulin ne fonctionne qu'au moment des crues, comme il était à prévoir, ladite rivière n'était qu'un faible ruisseau au débit inconstant. On se dit alors qu'un moulin à

...et des artisans et des meuniers y pratiquent encore leur art à la saison estivale.

vent de grande envergure, c'est-à-dire doté d'une tour, pourrait suppléer aux carences du moulin à eau. En 1830, un grand moulin à vent en pierre côtoie le moulin à eau, ce qui ne se verra nulle part ailleurs.

LA VIE MODERNE

Une fois l'île aux Coudres entièrement cultivée, les jeunes gens se sentent à l'étroit et regardent vers d'autres métiers. On devient marin ou débardeur, métiers saisonniers qui permettent de gagner honnêtement sa vie tout en vivant plusieurs mois parmi les siens. Les insulaires se taillent une enviable réputation au port de Montréal où ils forment une

véritable communauté; on les surnomme « les gens du bord de l'eau ».

On devient aussi pilote à gages ou fabricant de ces goélettes joliment appelées « voitures d'eau » et qui prennent deux ans à construire. Il en sortira quarante-sept des chantiers de l'île entre 1860 et 1959, année où on lance la dernière goélette de bois. Enfin, un certain nombre d'insulaires se joignent aux gens de Charlevoix qui, vers 1830, émigrent vers le Lac-Saint-Jean pour en assurer la colonisation.

Les habitants de l'île aux Coudres, que presque rien n'effraie, sont remarquables d'indépendance d'esprit. Malgré leur piété exemplaire, ils savent garder leurs distances avec les prêtres, d'où d'ailleurs quelques incidents. Entre autres, on raconte que le premier curé de l'île, l'abbé Charles Garrault, demanda un jour d'être conduit sur la côte pour aller desservir Petite-Rivière. On ne sait trop pour quelle raison ses ouailles lui refusèrent ce service, mais, fâché, le curé s'en plaignit à l'évêque qui priva pendant un an les insulaires de la bénédiction du Saint-Sacrement.

Néanmoins, la dévotion des insulaires ne fait aucun doute. Comme les églises se trouvent souvent loin de leur résidence, ils érigent de nombreuses croix de chemin autour desquelles ils se réunissent pour réciter des prières et entonner des hymnes. On peut voir encore ces grandes croix noires aux quatre coins de l'île. Sans doute l'atmosphère d'austérité qui s'en dégage a-t-elle inspiré le plus célèbre résidant de l'île, le peintre Jean-Paul Lemieux.

Plus de chasse au béluga, peu de pêche, moins d'agriculture qu'il y a un siècle, l'île aux Coudres dort. Toutefois, dans l'anonymat de ses foyers une tradition se perpétue : le tissage. Si dans Charlevoix le tissage est devenu un art, c'est dans l'île qu'on le pratique avec le plus de bonheur. Couvre-lits, nappes et couvertures de tout genre attirent l'œil non seulement à cause des couleurs ou du style, mais à cause d'une technique particulière qui leur donne du relief.

Avec les beaux jours de l'été, l'île sort de sa léthargie. Les touristes envahissent les auberges confortables et partent à la rencontre des insulaires. On fait le tour de l'île à pied ou en vélo, s'arrêtant aux croix de chemin, musardant le long de la plage du sud, s'extasiant devant le paysage de la Côte nord. Quiconque s'y hasarde l'hiver garde l'île pour lui tout seul, une île toute rouge des fruits du sorbier, que les Charlevoisiens appellent « maskemina », d'une langue amérindienne « mascouabina ». Généralement de petite taille, les sorbiers prennent ici l'envergure d'un grand pommier et constituent la plus grande concentration de cette essence au pays.

Sans les visiteurs, l'île aux Coudres referme l'œil, tourne le dos au vent du nord et laisse passer le temps.

Page suivante :
La grande distance qui séparait les insulaires des lieux de culte les a incité à ériger des croix du chemin à plusieurs endroits dans l'île aux Coudres.

L'ÎLE VERTE : L'ÎLE QUI RÊVE

« Le lendemain, deuxième jour du dit mois de Septembre, nous sortimes hors de la dite rivière
(Saguenay) pour faire le chemin vers Canada, et trouvasmes la marée fort courante
et dangéreuse, pour ce que devers le Su de la dite Rivière y a deux Îles, a l'entour desquelles
à plus de trois lieües, n'a que deux ou trois brasses, semées de gros perrons
comme tonneaux et pipes, et les marées decevantes par entre les dites Îles :
de sorte que cuidames y perdre notre Gallion, sinon le recours de nos barques. »

Jacques Cartier, le 2 septembre 1535

L'île Verte et l'Isle-Verte : deux entités, deux mondes, deux lieux et pourtant une seule et commune histoire; l'exemple d'une parfaite symbiose. Sans l'île Verte, l'Isle-Verte n'existerait pas. Mais sans l'Isle-Verte, l'île Verte aurait peut-être sombré dans l'oubli depuis des lunes.

L'Île Verte, c'est l'une de ces îles aux abords dangereux dont parle Cartier. Et quand se couche le soleil en son solstice d'été, la section de la côte sud du Saint-Laurent sur laquelle l'île Verte étend son ombre, c'est l'Isle-Verte. Somnolente, rêve-t-elle de retourner à la vie industrielle et commerciale trépidante qui l'animait autrefois?

Onze mille ans avant notre ère, l'île Verte reposait au fond de la mer de Goldthwait. Telle la mer de Champlain qui couvrira plus tard la vallée du Saint-Laurent en amont de Québec, la mer de Goldthwait couvrait alors la vallée du *Grand fleuve* à l'est du cap Diamant. Trois millénaires plus tard, le niveau de l'eau se mit à baisser, lentement, comme après le déluge, laissant apparaître vers l'an 7000 l'île actuelle. Il y a trois mille ans, arrivaient ici ceux qu'on appelle Amérindiens, descendants des immigrants d'Asie qui avaient atteint les Grands Lacs vers l'an 8000 avant notre ère. De familles en clans

et de clans en tribus, ils formèrent de part et d'autre du Saint-Laurent des nations qui, bien que nomades, possédaient chacune son territoire.

Les Amérindiens de la rive sud, à l'est de la Chaudière, comptaient six groupes importants : les Micmacs, les Montagnais du sud, les Malécites, les Etchemins, les Abénaquis et les Loups, aussi appelés Mohicans. Le territoire de ces tribus s'étendait jusqu'à l'Atlantique par la rivière Matapédia.

Le peuple montagnais exerçait son hégémonie sur la rive nord, de Québec à la rivière aux Outardes (Baie-Comeau), et se divisait en trois groupes : les Tadoussaciens, les Betsiamites, regroupés sur la rivière du même nom, et les Porcs-Épics qui habitaient le Lac-Saint-Jean.

Voyageant par les rivières, tous ces Amérindiens exerçaient le commerce bien avant l'arrivée des Blancs. En échange de peaux d'orignaux, les autochtones du nord obtenaient de leurs voisins du sud, déjà agriculteurs, le maïs, le tabac et le chanvre qu'on ne tissait pas encore, mais qui alimentait les calumets de paix, ses douces émanations favorisant sans doute le dialogue. Tadoussac, à l'embouchure du Saguenay, était le carrefour des voies commerciales reliant les quatre points cardinaux. Quant à

l'île Verte, située à l'embouchure du Saguenay, juste en face de la rive sud, elle était la plaque tournante du commerce entre les tribus du nord et celles du sud.

Cartier ne débarque pas seulement dans la région pour remplir une mission géographique ou religieuse : il poursuit de toute évidence des objectifs commerciaux. S'il s'arrête longtemps à Tadoussac, c'est sans doute pour y établir de bonnes relations avec les maîtres du lieu. Si, ensuite, il cingle franc sud, ne serait-ce pas pour rencontrer les commerçants indigènes de l'île Verte. D'ailleurs, il s'en faut de peu qu'il perde son bateau sur les roches de l'île Rouge. L'intérêt de l'île Rouge ne concerne que la géologie. Elle permet, en effet, de mesurer la force phénoménale des courants qui balayèrent le Saguenay à la fonte des glaciers, car elle est précisé-

L'île Verte portait ce nom avant même l'arrivée de Jacques Cartier.

ment constituée des roches que cracha la rivière d'un bord à l'autre du *Grand fleuve*.

L'île Rouge joue donc le rôle de gardienne de l'île Verte, la protégeant contre les bateaux trop grands, à la grande satisfaction des insulaires. Et à celle, également des contrebandiers : Champlain note à plusieurs reprises que des commerçants de La Rochelle traitent clandestinement avec les autochtones, parvenant à l'île par la rive sud, loin des regards des fonctionnaires de Tadoussac. Champlain veut alors protéger les intérêts de la Compagnie de Montmorency qui détient le monopole du commerce des fourrures à Tadoussac. Quoi qu'il en soit, il avouera son impuissance à maîtriser les Rochelais.

Le charme de l'île Verte se prolonge aussi loin que la vue porte.

Ce n'est pas Cartier qui baptise l'île Verte. Dominant les autres îles (elle compte soixante-dix mètres à son plus haut point), elle marque le paysage d'un beau vert forêt et elle tient sans doute de là le nom que lui donnent les indigènes. Bien qu'étroite, l'île Verte fait treize kilomètres de longueur. Comme toutes les îles du Saint-Laurent, elle fera partie de la seigneurie située sur la côte la plus proche, en l'occurrence la seigneurie de l'Isle-Verte, allouée par le gouverneur Jean de Lauson à son fils Louis, sieur de la Citière en 1653. Monsieur le gouverneur a certainement le sens de la famille : un relevé effectué dix ans plus tard indiquera que les Lauzon possèdent les deux tiers de toutes les terres seigneuriales du pays! Louis Couillard de l'Espinay,

beau-frère de Louis de Lauson, est un chasseur ambitieux, surtout du phoque qui pullule autour de l'île Rouge et aux abords de l'île Verte. En 1659, année où le premier seigneur de l'île perd la vie, Louis Couillard abat deux cent vingt loups-marins en une seule excursion à l'île Rouge. Quatre ans plus tard, il se porte acquéreur de la giboyeuse seigneurie qui, incidemment, inclut la rivière Verte alors appelée la rivière à Saumon tellement ce poisson y abonde.

Le troisième seigneur de l'Isle-Verte s'appelle Louis Rouer d'Artigny. Il sera le premier, en 1684, à mettre la charrue en terre et à bâtir maison. Sa seigneurie fait deux lieues de rive du fleuve sur deux lieues de largeur, soit quelque cent kilomètres carrés; elle est bornée à l'ouest par la rivière Verte, et comprend l'île Verte et les îlots environnants. En 1689,

Page précédente, en haut :
L'estuaire de la rivière Verte.

Page précédente, en bas :
Pêche aux harengs.

Ci-dessus :
La batture de l'Isle-Verte.

la seigneurie s'enrichit d'une lieue et seize arpents du côté ouest, mais le jeune seigneur qui préfère le commerce des fourrures à l'attelage à bœufs, vend son beau domaine à Pierre Niort de La Noraye en 1701. La même année, l'entente de paix signée à Montréal entre les Français et les Iroquois consolide la précédente signée en 1666 et met fin à la guerre des fourrures.

En 1711, un certain Jean Côté troque ses deux terres de l'île d'Orléans contre la seigneurie de l'Isle-Verte. Comme tous les insulaires de l'île d'Orléans, il voue à la terre un amour profond qu'il transmettra à ses fils : onze générations de Côté se succéderont dans la seigneurie. Jean Côté avait auparavant cul-

tivé des terres dans la seigneurie de Beauport, en 1645, sous Robert Giffard. Il sera l'ancêtre de presque tous les Côté du Québec.

Vers 1755, les pacifiques Malécites reviennent à l'île Verte après en avoir été chassés pendant la guerre des fourrures. En 1759, le seigneur Jean-Baptiste Côté voyant Wolfe remonter le Saint-Laurent par le sud, laisse la charrue pour prendre les armes aux côtés de Montcalm à Québec. Il sera de retour pour les labours d'automne.

Vers la fin du siècle, ont lieu les premières concessions de terre dans l'histoire de la seigneurie de l'Isle-Verte. Le premier concessionnaire, Peter Fraser, s'installera sur la pointe est de l'île, futur emplacement d'un phare. Construit en 1808, celui-ci sera gardé par la valeureuse famille Lindsay pendant cent trente-sept ans; toujours debout, ce premier phare du Québec fait partie du patrimoine et on peut le visiter. La navigation commerciale s'intensifie sur

L'île Verte vue du phare.

le *Grand fleuve* et quatre pilotes élisent domicile à l'Isle-Verte; ce sont les frères Dumas. D'autres concessionnaires acquièrent le droit de cultiver les terres de la seigneurie, ce qui favorise l'établissement d'une petite population. On érige un moulin à vent pour produire la farine que vendra le premier marchand local, Jean-Baptiste Asselin.

En septembre 1811, arrive un dénommé Louis Bertrand de Cap-Santé. Lieutenant-colonel de milice, il recrutera l'année suivante des soldats en vue de repousser une invasion d'indépendantistes américains. L'alerte passée, Louis Bertrand devient marchand et meunier. Particulièrement perspicace, cet homme marquera dans l'histoire de l'Isle-Verte un nouveau tournant. Entre-temps, un jeune étranger du nom de William Price est arrivé à l'île. Rompu au commerce du bois, il fondera sa célèbre compagnie d'exploitation forestière.

En 1815, le Grand Voyer consent à construire une route qui reliera l'Isle-Verte à Cacouna, futur tronçon de l'actuelle route 132. À cette époque, Louis Bertrand fait une acquisition surprenante : il achète des seigneurs Côté la plus grande partie de l'immense marais salant qui s'étend de l'île Verte à Trois-Pistoles. Léguant en 1850 ses droits seigneuriaux à son fils Charles, celui-ci fera fortune dans un marais où l'on n'avait vu jusque-là que des bernaches et des phoques.

LA MOUSSE DE MER

N'eût été de la « mousse de mer » ou « herbe à bernache », l'Isle-Verte ne serait jamais passée à l'histoire. La mousse de mer (*Zostera marina*) se classe parmi les zostères, plantes marines dont les feuilles en forme de lanières peuvent atteindre jusqu'à deux mètres de longueur. En France, on l'appelle verdière ou pailleule.

La rive nord de l'île offre une vue incomparable sur la côte de Charlevoix.

Alors que les bernaches ne font que passer deux fois l'an à l'île aux Grues, elles s'attardent par dizaines de milliers aux abords de l'île Verte où elles consomment les racines des zostères. Les seigneurs Côté sont des gens de la terre que la chasse n'intéresse pas particulièrement, bien qu'ils laissent leurs concessionnaires la pratiquer librement. Quand ils vendent leurs droits seigneuriaux à Louis Bertrand, les gens de la région ne sont pas contents; s'ils pressentent la fin du régime seigneurial, cette politique de gestion des terres se poursuivra néanmoins jusqu'en 1854.

Louis Bertrand détient probablement des renseignements privilégiés quand il achète la batture, mais c'est Charles Bertrand qui exploitera la « bourrure ». Quand une feuille de zostère est froissée, elle a la propriété de reprendre aussitôt sa forme originale. Or, cette observation n'est pas sans intérêt dans un pays où la plupart des gens dorment sur une paillasse, enveloppe de lin bourrée de paille. Les matelas, plus confortables, sont en effet rares et chers. Les ressorts à boudin étant inconnus, on les confectionne avec des retailles de vêtements de laine qui, à la longue, se tassent. À cette époque, Charles Bertrand a la main haute sur toutes les industries de la région depuis la fonderie jusqu'à l'atelier de rembourrage. L'idée lui vient de rembourrer les matelas au moyen de la mousse de mer. Le produit connaît une faveur instantanée et l'industrie fera la fortune non seulement du propriétaire, mais d'une ville tout entière comme en témoigne la suite des événements.

Bientôt, la mousse de mer sert à tout rembourrer : matelas, sofas, coussins, selles, colliers de chevaux. Un métier voit le jour : faucheur de mousse. Mettant à profit le flux et le reflux des marées, les faucheurs de zostères coupent et chargent à bord de petits bateaux plats (« flats ») d'énormes quantités d'herbes à rembourrer. On l'étend ensuite dans les champs pour que la pluie la nettoie et que le soleil la sèche. Mise en balles, elle est enfin remisée en vue du rembourrage.

Au début de 1900, la popularité du produit et l'appât du gain aidant, on exporte la « mousse de mer » aux États-Unis. À ce moment, Henry Ford, qui commence la production en série de son célèbre modèle T, découvre l'herbe à bernache et l'adopte comme matériau de rembourrage des coussins d'automobiles.

Pendant vingt ans, Rimouski récolte du rêve grâce à la mousse de mer de l'Isle-Verte. Les bernaches reculent devant les faucheurs, les chasseurs aussi, mais ces derniers se consolent puisque l'herbe magique et apparemment inépuisable procure des emplois.

Pourtant, est-ce par surexploitation ou à cause d'un champignon, l'herbe inépuisable vient à s'épuiser. La dernière récolte, en 1934, est vendue cent dollars la tonne, ce qui n'est pas mince pour l'époque. L'industrie tombe, l'économie de toute la région aussi. Et, entre-temps, les bernaches avaient modifié leur route migratoire. Comme tout vide biologique a des effets, c'est la grande oie des neiges qui occupe maintenant les battures du fleuve par centaines de milliers. Qui aurait dit que le premier fabricant d'automobiles allait provoquer un tel phénomène?

LA VIE MODERNE

La colonisation va maintenant bon train; elle gagne Rivière-du-Loup, puis Rimouski. Les chantiers sont actifs : William Price préside *William Price & Sons* qui deviendra, en 1867, la *Price Brothers*, un des plus prospères exploitants forestiers du pays.

Quant à l'industrialisation, elle prend une telle ampleur qu'elle entraîne l'abolition du régime seigneurial inadapté au progrès économique.

À la faveur du boom économique, les écoles se multiplient et la société développe un vif intérêt pour la vie culturelle et, notamment, pour la littéra-ture. Deux sociétés littéraires voient le jour, et plusieurs personnes originaires de l'Isle-Verte deviendront célèbres au Québec : Robertine Barry, directrice de la section littéraire du journal *La Patrie*; Charles-A. Gauvreau, écrivain; Blanche Lamontagne, poétesse; Fortunat Charron, humaniste et écrivain, et Gérard Filion qui dirigera les deux journaux *La Terre de Chez Nous* et *Le Devoir*.

Le pôle économique de l'Isle-Verte s'est déplacé vers Rimouski. Si le village rêve de retrouver un jour sa fébrilité industrielle, les espoirs sont minces qu'il puisse y parvenir.

Quant à l'île, elle a jusqu'à ce jour échappé à la commercialisation et jouit de l'estime d'un nombre croissant d'artistes. Outre le peintre Jean-Bernard Ouellet qui y réside, le romancier Jacques Godbout et le cinéaste Gilles Carle y tiennent feu et lieu. L'île Verte est reliée au continent par le traversier *La Richardière*, en l'honneur du sieur de La Richardière, premier pilote du Saint-Laurent et citoyen de l'île qui rêve.

La livèche écossaise, une plante caractéristique de l'île Verte.

L'ÎLE VERTE : L'ÎLE QUI RÊVE

L'ÎLE AUX BASQUES, ÎLE D'HISTOIRE

« Nous appareillasmes du dit Hâble, le premier jour de Septembre pour aller vers Canada.
Et environ quinze lieuës du dit Hâble, à l'Ouest Sur Ouest, y a trois Îles au parmi
du dit fleuve, le travers desquelles y a une rivière fort profonde et courante,
qui est la rivière et chemin du Royaume et terre de Saguenay,
ainsi qui nous a été dit par nos hommes
du païs de Canada. »

JACQUES CARTIER, le 1er septembre 1535

L'ÎLE AUX BASQUES est d'abord baptisée l'île de la Guerre par Alphonse de Saintonge, pilote royal sous François Ier, peut-être à cause du tragique massacre d'un groupe d'Amérindiens que le chef Donacona raconta à Jacques Cartier. Perpétré deux ans auparavant par les Iroquois, ce massacre aurait coûté la vie à quelque deux cents autochtones. Certains historiens le situent à l'île au Massacre et d'autres, à l'île aux Basques.

Les recherches archéologiques menées dans l'île aux Basques permettent d'établir qu'elle fut, pendant plus de mille ans, un lieu de passage et d'échanges entre Amérindiens. En effet, on y a découvert des restes de campements indiens datant du VIIe siècle, à l'époque du sylvicole moyen-tardif.

Les Basques, sous le leadership de la célèbre famille Hoyarsabal de Ciboure, occupent l'île très tôt parce que le courant du Saguenay favorise le touage d'énormes baleines qu'ils chassent à son embouchure. Ils érigent des fonderies entre 1580 et 1630, comme le démontrent de récentes fouilles archéologiques. Ce sont sans doute ces détails historiques qui expliquent le nom de l'île.

Les Basques constatent rapidement que la chasse à la baleine, si fructueuse soit-elle, est beaucoup plus pénible et moins lucrative que la traite des fourrures. Qu'à cela ne tienne, ils tenteront de s'accaparer une part du commerce. Toutefois, les spéculateurs qui jouissent de l'appui royal ne le voient pas du même œil et ils font appel à Champlain. Battus et dégoûtés, les Basques se retirent, ne laissant que leurs énormes poêles de pierre qu'on peut encore voir.

PREMIÈRE SEIGNEURIE

L'île aux Basques se rattache à la seigneurie de Trois-Pistoles. Le 6 janvier 1687, MM. de Denonville et Bochart de Champigny accordent à M. Denys de Vitré « deux lieues de front le long du fleuve Saint-Laurent du côté sud à prendre depuis la concession de L'Isle-Verte ». La concession était accordée en fief, seigneurie et justice, selon les conditions ordinaires du temps.

De Vitré loue d'abord sa concession à Denis Riverain pour une durée de neuf ans, puis, en 1696, l'échange contre la terre d'un habitant de l'île d'Orléans, Jean Rioux. Rioux vient s'établir à Trois-Pistoles l'année suivante et, avec sa femme et ses fils, il en sera le fondateur. On a bien tenté d'établir une ferme sur l'île aux Basques, on a bâti même une bonne maison, mais le projet est vite abandonné.

Pendant ce temps, à l'Isle-Verte, un curé se passionne pour la botanique. L'abbé Léon Provancher, un des beaux esprits scientifiques de son temps, fonde notamment *Le Naturaliste canadien* en 1868. Plus tard, une société de sciences de la nature portera son nom.

En 1929, la Société Provancher d'histoire naturelle de Québec acquiert l'île aux Basques après avoir acheté, deux ans plus tôt, les Razades, deux îlots situés en aval et dont la flore a été inventoriée par le bon abbé. L'île aux Basques possède une végétation très diversifiée : près de quatre cents espèces végétales sont actuellement répertoriées. Parmi les plantes du bord de la mer, on trouve la délicieuse livèche écossaise ou « persil de mer », la mertensie maritime, la smilacine étoilée, le plantin maritime, le séneçon faux-arnica. Vers l'intérieur de l'île, on croise la linnée boréale, la campanule, l'immortelle, le cornouiller et

la potentille. Quant aux ornithologues, ils ont dénombré deux cent dix-sept espèces d'oiseaux en la seule année 1989, sans compter ceux qui séjournent l'hiver au moment où l'île est inaccessible. Les oiseaux vedettes sont un couple de balbuzards parmi une colonie de grands hérons.

La Société Provancher a transformé l'île aux Basques et les Razades en sites d'étude et en sanctuaires d'oiseaux. De juin à octobre, on peut visiter l'île aux Basques en compagnie d'un guide; on peut même y séjourner. Cependant, l'accès aux deux Razades est interdit parce que les canards eiders y nichent en grand nombre.

Ajoutons un petit mot sur un îlot voisin tout à fait solitaire, mais qui a sa place dans l'histoire : l'île aux Pommes. Ce ne sont pourtant pas des pommes qui poussent dans l'île, mais un petit fruit que les gens de la région appelle « pomme de terre ». En

fait, il s'agit de l'airelle ponctuée (*Vaccinum vitis*), aussi appelée « atocas » ou « canneberge ».

L'expression « pommes de terre » remonte aux premiers temps du pays, puisque, déjà, sous le régime français, l'île portait son nom. Le général Montcalm en parle dans son journal daté du 1756, spécifiant qu'elle est littéralement couverte d'une plante rampante aux petits fruits délicieux dont on fait une bonne liqueur. Jusqu'à nos jours, les gens de la région cueilleront ces fruits acidulés et en feront des conserves; servies avec la dinde de Noël, les « atocas » sont incomparables. L'île aux Pommes n'est pas habitée si ce n'est, l'été, par un ermite du nom d'Anselme Bélisle, dit Coucou. Coucou Bélisle, un célibataire endurci, y passera plus de trente belles saisons dans la paix et le dénuement complets. Une fois cependant, le chant d'une sirène ébranle les murs de son cœur. *Méfiez-vous du grand*

amour, dit la chanson! Par une tempête du mois d'août 1875, un navire chargé d'immigrants fait naufrage aux abords de l'île aux Pommes. Coucou, se dévouant corps et âme pour les naufragés, s'éprend d'une passagère hongroise. Quand, trois semaines plus tard, les services gouvernementaux récupèrent les survivants, Coucou se déclare, mais apprend à sa grande déconvenue que la belle est déjà mariée.

Le temps s'est arrêté à l'île aux Basques. Le visiteur n'y trouve rien de neuf, et voilà ce qui est bien. Les phoques, les baleines et les eiders y logent comme il y a quatre siècles; les goélands, la livèche et les « pommes de terre » aussi. Quant aux Basques, c'est tout comme.

L'ARCHIPEL DU BIC :
LES ÎLES DE PIERRE

« Il y a Île aux St-Jean, parceque nous y entrâmes le jour de la décollation du dit Saint.
Et auparavant qu'arriver audit Hâble, y a une Île à l'Est d'icelui, environ cinq lieuës,
où il n'y a point de passage en terre et elle que par bateaux. Le dit hâble des
Ileaux St. Jean assèche toutes les marées, et y marine l'eau de deux brasses.
Le meilleur lieu à mettre Navires est vers le Su d'un petit ilot,
qui est au parmi du dit hâble, bord au dit ilot. »

JACQUES CARTIER, août 1535

PERSPICACE, le Malouin a jaugé du premier regard l'importance de l'archipel du Bic où l'on trouve plusieurs bons mouillages dont un qui protège du vent sud-ouest et un autre, du vent du nord-est porteur des tempêtes de l'Atlantique. De plus, il est facile à marée basse d'échouer un navire pour effectuer des réparations d'urgence quitte à repartir à la marée montante.

Le havre du Bic, le seul entre Gaspé et Québec avec celui de l'île aux Coudres, prend une grande importance dès les premiers siècles de notre histoire. En s'engageant dans l'estuaire du *Grand fleuve*, les marins français repèrent l'île du Bic, puis font voile en ligne droite vers Tadoussac pour prendre, selon leur habitude, la voie nord. L'île est donc un point de repère important.

Des flottes entières choisissent ses mouillages comme point de ralliement, les missionnaires et les Amérindiens aussi. Déjà en 1635, plusieurs Jésuites y séjournent : les pères Albanel, Nouvel et de La Brosse, sans compter le récollet Ambroise Rouillard.

L'archipel du Bic compte, outre l'île de ce nom, l'île Saint-Barnabé, l'îlet Canuel, l'île Brûlée, l'île à D'Amours, l'île Ronde, l'île aux Canards, l'île du Massacre et la Bicquette.

L'ÎLE DU BIC

L'île du Bic est de taille moyenne et bien proportionnée, cinq kilomètres sur deux, rivages abrupts couverts de roches et une jolie batture pour les oiseaux migrateurs dans sa Grande Anse où se dressent quelques maisons. C'est une île plate et boisée, formée de grès verts et rouges, comme ceux de l'île aux Coudres; un vieux sentier la traverse d'est en ouest.

Jean-Alphonse de Saintonge, pilote de Roberval, l'appelle île Raquelay : en vieux français « racquel » signifie écueil. En effet, cette île aux mouillages si attrayants est malheureusement entourée, à l'ouest, au nord et à l'est, de périlleux écueils et récifs.

En 1676, le père Boucher, jésuite, fait naufrage sur le récif du nord-est. Au même endroit, un gros cargo de blé vient se briser en 1875. À l'autre extrémité de l'île, trois transatlantiques se brisent sur le récif du nord-ouest vers 1870, de même qu'un navire allemand en 1919 : le *Germanicus*. Sans doute beaucoup de naufrages ont-ils eu lieu sans qu'on le sache : vers 1860, un chasseur de Rimouski et son fils aperçurent douze canons près des récifs du sud-est sans qu'on pût jamais identifier leur provenance.

Un autre écueil célèbre est le rocher Alcide, perdu quelque part entre l'extrémité ouest de l'île du Bic et la pointe à Cives sur la côte. Comme rien n'annonce cet obstacle, nombre de bateaux y ont crevé leur coque. On dit que la Baie-des-Ha! Ha! ne doit pas son nom aux éclats de rire des citoyens de Cap-à-l'Orignal, mais plutôt aux cris désespérés des naufragés du rocher Alcide.

L'île du Bic sera le témoin de nombreux chapitres de notre histoire dont le sombre épisode suivant. En 1629, les guerres de religion font rage en Europe : les protestants français, appelés huguenots, sont alors aux prises avec les catholiques et la royauté. Trois huguenots, les frères Louis, Thomas et David Kirk, passant au service du roi d'Angleterre, envisagent de conquérir la toute jeune colonie du Canada. Ils commencent par brûler le

Le havre du Bic et l'anse de la rivière du Sud-Ouest qui s'y jette sont encadrés par de nombreuses collines et constituent un parc de conservation particulièrement attrayant. L'île du Bic se profile à l'extrême gauche.

centre de commerce de Tadoussac, puis en embuscade à Gaspé, ils guettent les bateaux arrivant de France. Ils parviennent à coincer dans la baie de Gaspé une escadre de ravitaillement dirigée par le sieur de Roquemont. Pendant que Roquemont riposte, l'un de ses hommes, le sieur Desdames, fuit en chaloupe vers Québec pour demander du renfort à Champlain, puis revient vers Gaspé. Il s'arrête à l'île du Bic, selon les ordres reçus, pour y attendre Roquemont. C'est là qu'il apprend la défaite de la flotte française, suivie de la reddition de Québec. Pendant trois ans, la colonie sera dominée par les Anglais.

LE PRISONNIER DE L'ÎLE

Plus tard, après la Conquête, l'île du Bic servira de prison pour punir un missionnaire dont le zèle n'avait d'égal que la témérité. Bien que le gouvernement impérial ait interdit aux prêtres français de s'amener au Canada, plusieurs d'entre eux viennent à leurs risques et périls prendre soin des âmes. Si l'Anglais fait obstacle à la religion, il laisse libre cours au commerce : en 1793, arrive l'abbé Ciquard déguisé en marchand. Démasqué par les officiers de l'immigration, il est envoyé à La Malbaie où le premier bateau doit le rapatrier. Cependant, le téméraire abbé réussit à tromper la surveillance de ses gardes, s'enfuit en forêt et parvient à Montréal où il sera arrêté trois mois plus tard. Cette fois, on le déporte à l'île du Bic d'où, au bout de quelques mois, on le renvoie en France. Pendant la Révolution française, il est exilé en Angleterre d'où il revient au Canada pour exercer son ministère jusqu'à sa mort en 1824.

STATION OFFICIELLE DES PILOTES

Après la Conquête, l'île du Bic devient la station officielle des indispensables pilotes du Saint-Laurent. Jamais colonisée, l'île restera la propriété des seigneurs du Bic. Cependant, en 1780, le gouvernement de Haldimand s'empare de l'île en vue d'aménager un grand havre destiné aux marines marchande et militaire. Toutefois, la montagne accouchant d'une souris, on érige tout juste une maison pour les pilotes.

Pages suivantes :
Le parc du Bic vu de la rive sud.

Quand elle reprit l'île du Bic en 1790, la marquise d'Albergatti-Vezza trouva l'endroit fort souillé et jura de ne la céder à personne.

En 1790, l'île échoit à la marquise d'Albergatti-Vezza qui trouve l'endroit bien mal en point. Les pilotes ont souillé l'île et l'ont dépouillée de sa forêt pour faire du bois de chauffage. La marquise fait un ménage complet dans sa seigneurie et jure de ne la céder à personne.

L'ÎLE BICQUETTE

Comme les récifs continuent de faire des victimes autour de l'île du Bic, le gouvernement érige un phare au Bicquet, îlot nu et rocheux situé au nord de l'île et qu'on désigne maintenant sous le nom de île Bicquette. La « Maison de la Trinité », ancêtre de la Commission du Havre de Québec, met le phare en service en 1844.

Le bienfaisant feu d'un phare dans le décor lugubre des ces îles meurtrières inspirera au paysan poète Philéas Lebègue les vers qui suivent.

C'est un sinistre champ de rocs déchiquetés,
Fauves et roux, pareils à d'énormes épaves;
C'est un champ crevassé, vêtu d'algues qui bavent
Au bord du gouffre leurs glauques viscosités.
Fantastique chaos!
Maintenant l'ombre monte et le flot s'accélère,
Sous l'étreinte du vent, la mer palpite et geint,
Et pousse vers la tour du phare encore éteint
Les écumes et les fracas de ses colères.
Ses flots délirants qui hurlent à la mort
Et dont vibrent les voix lugubres en fanfare,
Ne vois-tu pas lutter les feux d'espoir du phare?
Et qu'importent les heurts, les combats fatigants,
Les surprises du vent au long des nuits funèbres,
Si la petite flamme a lui dans les ténèbres,
Si la clarté sourit au cœur des ouragans?

Malgré le phare et les coups de canon pour contrer les méfaits de la brume, de nombreux navires s'écrasent sur les roches entourant la Bicquette. L'un d'entre eux, une barge américaine chargée d'huile, transportait des acolytes de John-Wilkes Booth, le

C'est au Bic que l'on assiste aux plus beaux couchers de soleil de la rive sud.

sudiste qui avait assassiné le président Lincoln. De riches uniformes d'officiers sudistes sont restés dans l'épave. Véritables pièces de collection, ces témoins silencieux des tribulations nationalistes de nos voisins seront vendues aux enchères.

L'ÎLE SAINT-BARNABÉ

L'île Saint-Barnabé est étroite, mais longue de cinq kilomètres, et située, comme sa voisine l'îlet Canuel, juste au large de la ville de Rimouski que leur batture commune touche à marée basse. L'île offre deux mouillages intéressants : la rade de Rimouski à l'est, et la rade Saint-Barnabé à son extrémité ouest. Ces deux îles se trouvent à l'écart des autres.

Le chenal de la rivière Rimouski, qui débouche à l'extrémité est de l'île, a toujours attiré les poissons, tout comme la batture attire les canards et les oies. L'île faisait jadis partie de la seigneurie de Rimouski, propriété de Pierre Lepage, et elle ne fut jamais défrichée si ce n'est par un authentique ermite qui y passa sa vie.

En 1728, un jeune homme d'environ vingt-cinq ans arrive à la mission de Saint-Germain de Rimouski. Selon les règles d'hospitalité du temps, le seigneur Lepage l'héberge pendant quelques jours. L'homme, qui consent à ne révéler que son nom, Toussaint Cartier, rayonne d'une vie intérieure intense, ce qui impressionne son hôte. Au bout de quelques jours, Toussaint Cartier exprime le désir de s'installer pour de bon dans l'île Saint-Barnabé. Le seigneur acquiesce et lui donne par un contrat dûment notarié l'usufruit d'un terrain. À l'étonnement de tous, le jeune ascète se bâtit une maisonnette, une grange pour une vache, et demeure sa vie entière sur l'île. Il a sans doute fait vœu de silence, car même quand il traverse sur le continent pour participer aux offices religieux, il ne desserre pas les lèvres. Il passe sa vie en prière et, un beau jour de fin novembre, il a le bonheur de sauver l'équipage d'un petit navire, *Le Senaux*, de Jean Taché.

Le parc du Bic au printemps.

Les mésaventures successives de ces pauvres voyageurs montrent à quel point voyager dans les temps anciens peut présenter de danger. Leur voilier, *La Macrée*, une frégate de Sa Majesté le roi de France, était arrivée de la mère patrie en novembre et avait fait naufrage à l'île de Gros Mécatina, sur la Basse-Côte-Nord; une grande part de son équipage avait péri. Les autres marins allaient mourir de froid et de faim sur cette île déserte quand les hommes du marchand Jean Taché les recueillent.

Jean Taché leur prête un petit bateau, *Le Senaux*, pour qu'ils puissent poursuivre leur route vers Québec, mais, navigant dans le noir aux environs de l'île du Bic, ils font de nouveau naufrage sur les roches qui abondent autour de l'île Saint-Barnabé. C'est là que l'ermite Cartier les trouve serrés les uns contre les autres, exténués, mourant de faim et de froid. Ils passeront l'hiver à Rimouski; certains ne pourront pas survivre. Cet acte de charité ne manque pas d'étayer la réputation du saint.

PARC DU BIC

Le havre du Bic et l'anse de la rivière du Sud-Ouest qui s'y jette sont encadrés par de nombreuses collines assez élevées qui forment l'un des plus beaux coins de la rive sud. Il constitue un parc de conservation depuis le 17 octobre 1984 dans le but de protéger et de mettre en valeur un échantillon à la fois représentatif et exceptionnel de la région naturelle appelée le littoral sud de l'estuaire.

Pour le plaisir des visiteurs, des sentiers pédestres et cyclistes ont été aménagés d'où l'on peut observer la faune aquatique et ailée dans tous les recoins de la réserve. Toutefois, ce sont les kayakistes qui peuvent le mieux partager avec les phoques ce sévère environnement marin de roches noires et luisantes.

L'ÎLE AUX LIÈVRES :
L'ÎLE DE BOIS

L'ÎLE AUX LIÈVRES est longue, étroite et basse; elle longe la côte nord du Saint-Laurent, à l'ouest du Saguenay. Elle est boisée sur toute sa longueur, soit quinze kilomètres. Elle offrait si peu d'intérêt sur le plan stratégique, que Cartier ne nota même pas son existence. C'est Champlain qui, s'y arrêtant en 1608, lui donne son nom à cause de l'abondance des léporidés.

Champlain ignore que l'endroit porte déjà un nom : l'île Straumey, et la partie du fleuve qui l'entoure, le Straumfjord. On aura reconnu l'accent scandinave : Champlain a été précédé de six siècles par le Scandinave Thornfin Karlsefui. Cet explorateur aurait même hiverné dans l'île en l'an 1000 au cours d'un voyage vers l'archipel de l'Île aux Grues. Cette hypothèse sera défendue en 1918 dans les études du professeur M.-P. Stensby de l'Université de Copenhague. Depuis lors, de nombreux travaux appuyés sur des recherches archéologiques démontrent la présence des Scandinaves au Groenland et sur le détroit de Belle-Isle.

L'île aux Lièvres est encadrée, en amont et en aval, de deux jolis îlots sans histoire : l'île Blanche et l'île aux Fraises qui, comme leur grande sœur, n'offrent d'intérêt que sur le plan ornithologique.

ÎLE DU POT À L'EAU-DE-VIE

Aussi loin qu'on remonte dans l'histoire, on trouve le nom des îles du Pot à l'Eau-de-Vie. Il s'agit en fait d'un archipel qui regroupe trois îlots : le Gros Pot, le Petit Pot et le Pot du Phare. Même s'ils naviguaient au nord, les marins français passaient au sud de cette île, utilisant le chenal du même nom, l'avantage étant que l'île aux Lièvres, l'île Blanche et l'île aux Fraises les protégeaient du vent dominant.

Après trois mois en mer, les matelots arrivant de France avaient sans doute le gosier sec. Approchant de Québec, ce qui avait à l'horizon la forme d'une dive bouteille provoquait peut-être chez eux quelque fantasme. Or, les roches calcaires de cet îlot, arrondies par la vague à l'instar des célèbres « pots de fleurs » des îles Mingan, épousaient vaguement la forme de cruches. Il n'en fallait pas plus pour que le nom restât.

C'est aux îles du Pot à l'Eau-de-Vie que Wolfe, en 1759, dans sa progression vers Québec, brûle une partie de la flotte de M. Canon dans le but d'affaiblir la colonie. Déjà, en 1740, un vaisseau du roi, *Le Rubis*, s'y était arrêté, une épidémie d'origine inconnue ayant éclaté à son bord. Monseigneur François-Louis de L'Auberivière, venant à Québec

prendre le cinquième siège épiscopal, était à bord en compagnie de deux cents voyageurs et nouveaux arrivants.

Le jeune évêque de trente ans transforma le navire en hôpital flottant et envoya quérir des secours à Québec. Quarante-sept hommes moururent, mais cent cinquante furent transportés à l'Hôtel-Dieu. Le bon évêque, lui-même atteint du mal, mourut en odeur de sainteté. En novembre 1835, l'îlot est le témoin d'un tragique naufrage : le voilier *Endeavour*, parti de Québec à destination de l'Angleterre avec une cargaison de pommes, de potasse et de fourrures, est poussé par les glaces sur ses récifs. Pendant que l'équipage se réfugie sur l'îlot, le voilier est emporté par les glaces. Promis à une mort certaine, les quatorze hommes allument des feux sur la partie la plus élevée de l'îlot espérant

L'île aux Lièvres fut acquise dans le but de préserver les aires de nidification de l'eider à duvet.

contre tout espoir que quelqu'un quelque part les apercevrait. Le 6 décembre, arrivent parmi les glaces deux canots dirigés par Joseph Pelletier. Les marins seront saufs et le pilote, décoré. À l'endroit même où les naufragés avaient allumé leurs feux, un phare sera érigé vers 1840. Une célèbre histoire d'amour est associée à ce phare. Vers cette époque, un capitaine qui menait une vie dissolue se vit refuser la main d'une jeune fille. Le père de celle-ci était un riche cultivateur de la rive sud et qui pêchait à la hauteur du phare en question.

Une nuit, pendant que le garçon de ferme vérifiait les filets de pêche, il entendit crier et vit une barque s'éloigner dans le noir à force de rames. Le

jeune homme, qui nourrissait un amour inavoué pour la belle dont il avait reconnu la voix, se précipita vers la maison pour réveiller son maître. Le père et l'amoureux entreprirent courageusement la chasse. La poursuite se termina par un coup de feu au pied du phare où était ancré le bateau du capitaine dépravé. La jeune fille fut ramenée saine et sauve. Le père et la fille reconnaissant les qualités indéniables du jeune homme, un heureux mariage fut célébré sans délai.

LE NAUFRAGE DE L'ÉLÉPHANT

Le voilier l'*Éléphant* croisait au large de l'île du Pot à l'Eau-de-Vie quand commencèrent les tractations qui allaient causer le plus célèbre naufrage de l'histoire des îles du Saint-Laurent. Tous les pilotes du *Grand fleuve* ont gardé en mémoire les circons-

Les lièvres de l'île sont tellement nombreux qu'ils ont complètement modifié l'environnement.

tances et les détails de cet accident maritime, et en ont tiré une dure leçon de navigation.

Le premier septembre 1729, l'*Éléphant* arrivait de France avec à son bord cent cinquante passagers dont toute une brochette de dignitaires. Qu'on en juge : outre l'intendant Hocquart qui venait prendre sa charge, on comptait Monseigneur Dosquet, évêque de Samos et coadjuteur de Monseigneur Duplessis de Mornay, le comte de Vaudreuil et ses deux frères, MM. de Cavagnal et de Rigaud, un Récollet, le père Luc, l'abbé Claude de Vernède de Saint-Poncy, secrétaire de l'évêque Dosquet, l'avocat Le Beau, le chevalier de Courbuisson, le chevalier de Beauvillé de Picardie et un Parisien, le chevalier de Texé.

Pendant que les civils s'amusaient du nom de l'îlot, les ecclésiastiques, dans leur coin, se mirent à comploter. Il était prévu qu'on allait s'arrêter pour la nuit au mouillage de l'île aux Coudres, comme c'était le règlement de la Marine royale, afin de naviguer de jour aux dangereux abords de l'archipel de l'Île-aux-Grues. Or, les ecclésiastiques, qui étaient pressés d'arriver à Québec, insistaient auprès de l'intendant et de son entourage pour qu'on fasse voile sans arrêt vers la capitale.

Le commandant du navire, le comte de Vaudreuil, refusa d'abord et jeta l'ancre comme prévu à la hauteur de Baie-Saint-Paul. Les ecclésiastiques insistèrent de plus belle auprès, cette fois, du pilote, un dénommé Chativeau, alléguant que, grâce au beau temps, au vent favorable du nord-est

et aux rayons de la pleine lune qui se levait, il saurait, lui pilote d'expérience et de talent, les mener à bon port.

Flatté, le pilote s'en fut voir le commandant. De Vaudreuil, connaissant les avantages de ne pas déplaire aux hommes de Dieu, accepta de naviguer de nuit et fit lever les voiles vers vingt heures.

L'orgueil des religieux et la fatuité du pilote conduisirent trois heures plus tard l'*Éléphant* sur la batture du Cap Brûlé où il se brisa en deux. Au matin, on évacua les passagers. Une flottille de goélettes vint de Québec sauver la cargaison, mais un charpentier perdit la vie.

Bien que le naufrage leur fut en bonne partie imputable, les passagers de marque réclamèrent au roi le montant de leurs pertes. Vu la solidarité des grands de ce monde, l'intendant Hocquart put réclamer huit mille livres et Monseigneur Dosquet reçut mille écus!

HALTE ORNITHOLOGIQUE ET ÉDREDON

De nombreux oiseaux rapaces du Québec nichent dans les solitudes du Nord d'où ils reviennent en octobre. L'île aux Lièvres, presque à mi-fleuve, constitue une halte de première importance sur le trajet des migrations vers le sud. Cette particularité a depuis longtemps attiré l'attention des ornithologues, amateurs comme professionnels. Chaque automne, et particulièrement au congé de l'Action de grâces, de nombreux observateurs d'oiseaux se massent à bord du traversier qui relie Rivière-du-Loup à Saint-Siméon, sur la rive nord. Dans son trajet, ce bateau longe la partie sud de l'île aux Lièvres avant de la contourner, laissant aux amateurs le temps d'identifier de nombreuses espèces.

Les abords rocheux de l'île offrent aussi un terrain de nidification intéressant au canard eider dont le duvet est utilisé depuis longtemps comme isolant thermique. De l'anglais *eider down*, nos gens ont donné le nom d'« édredon » à la chaude couverture doublée de ce duvet; l'édredon est l'ancêtre de la couette moderne.

Soucieux de la protection des canards eider et des richesses des îles du Saint-Laurent, un groupe d'amis de la nature dirigé par le biologiste Jean Bédard a fondé, en 1979, *Duvetnor Ltée*, une corporation privée à but non lucratif désormais propriétaire de l'île aux Lièvres, de deux des trois îles du Pot à l'Eau-de-Vie et de quelques îlots voisins appelés Pèlerins, autant d'endroits de nidification pour le canard eider et de repos pour les phoques. On peut, à la belle saison, visiter ces îles fascinantes et pleines de vie; on peut même y séjourner. Ce qui ne manque pas d'étonner l'observateur averti, c'est l'impact des lièvres sur leur environnement : après des millénaires d'occupation déréglée, ils ont profondément modifié et réduit la forêt de l'île qui porte leur nom.

ANTICOSTI : L'ÎLE QUI PENCHE

« Le lendemain jour de Notre-dame d'Aoust, quinzième du dit mois, nous passasme le détroit :
la nuït devant, et le lendemain eumes cognoissance des terres qui nous demeuroient vers le Su,
qui est une terre à hautes montagnes à merveilles, dont le Cap susdit
de la dite Isle que nous avons nommée L'Isle de l'Assomption,
et un Cap des dites hautes terres gisent Est-Nord-Est, et Ouest-sur-Ouest :
et y a entre eux, vingt-cinq lieuës. »

JACQUES CARTIER, 16 août 1535

IMAGINEZ un instant que vous êtes un géant; tendez votre main vers le soleil levant et penchez-la à droite : voilà Anticosti. Cette île, sortie du fond de la mer de Goldthwait il y a cent siècles, penche de nord en sud sur sa plus grande surface, ce qui explique la direction de ses principales rivières, de même que la présence, vers l'extrémité sud-est, d'un nombre de plus en plus important de tourbières. Parallèlement, la rive nord est bordée par de hauts caps qui la rendent inaccessible par endroits.

Contrairement à ce que beaucoup de gens croient, l'île d'Anticosti n'est pas orientée nord-sud, mais plutôt ouest-est. Une autre erreur courante consiste à sous-estimer sa taille. Le premier à l'évaluer, le Baron de la Hontan, commit une grossière erreur en estimant sa longueur à vingt lieues. Champlain, qui l'estima à vingt-cinq ou trente lieues, ne fit pas mieux. L'historien Damase Potvin s'approche de la réalité en lui attribuant quarante lieues ou cent quatre-vingt-douze kilomètres. En fait, Anticosti mesure deux cent vingt-deux kilomètres de longueur sur cinquante-six au plus fort de sa largeur. Un heureux point de comparaison serait

Le soleil fait naître un arc-en-ciel sur les embruns de la célèbre chute Vauréal.

l'Île-du-Prince-Édouard : Anticosti couvre presque deux fois cette province de l'Atlantique.

Le nom « Anticosti » vient de l'espagnol *ante costa*, la côte avant la côte, parce que les marins inexpérimentés ou défavorisés par les conditions atmosphériques, confondaient son long littoral avec celui des terres continentales. Les Montagnais l'appelaient Natiscotec, « là où on chasse les ours », nom que porte encore l'une de ses rivières. Si les aborigènes connaissaient cette île, ils ne l'ont jamais habitée. Comme elle se trouve à vingt milles marins de Mingan et à quarante de Gaspé, soit presque au milieu de l'estuaire, elle servait de halte au cours de leurs voyages entre les deux côtes. Les Inuits la fréquentaient aussi.

L'ÎLE DONNÉE À JOLIET

On notera que plus les îles sont éloignées de Québec, moins les seigneurs se bousculent pour les réclamer. Anticosti est un poste de pêche important à cause de l'abondance du poisson, des baleines et des phoques; cependant, il faudra attendre jusqu'en 1680 pour lui trouver concessionnaire. Louis Joliet, que le roi Louis XIV veut récompenser d'avoir découvert le Mississipi et exploré la baie d'Hudson,

se voit offrir Anticosti en même temps que le titre de hydrographe du roi.

Certains historiens, tels John D.G. Shea, se moqueront de ce cadeau pendant que d'autres le jugent royal. Joliet, lui, s'en trouve fort honoré et s'installe derechef sur son sauvage domaine avec sa femme, leurs quatre enfants, cinq serviteurs et une servante, équipage qui laisse déjà présager le confort que rechercheront les hôtes de ce paradis terrestre.

Joliet veut faire commerce, comme l'autorisait la charte de concession, et il érige un premier magasin fortifié à l'extrémité ouest de l'île, puis probablement un deuxième à l'embouchure de la rivière à Saumon dont les vestiges se voyaient encore au

Un pêcheur taquine le saumon sur la rivière Jupiter.

début du siècle. Craint-il une attaque? Oui, non pas de la part des Amérindiens, mais des Inuits de la péninsule de l'Ungava. Une autre mention des Inuits apparaît au fil de notre histoire : l'escarmouche entre eux et l'explorateur Frobisher en 1577. Les Montagnais et les Papinachois sont plutôt les premiers clients de Joliet. Celui-ci est heureux à Anticosti au point qu'il y passe ses hivers, moins froids que ceux de Québec. Outre son ou ses magasins de l'île, Joliet en établit un autre à Mingan. Il fournit du poisson à tout Québec et à la plupart des soldats. On prétend qu'il capture jusqu'à

Le saumon de l'Atlantique fréquente une vingtaine de rivières de l'île.

six mille saumons par an dans les rivières de l'île et de la Côte-Nord. Mais le négoce n'éclipse nullement son zèle d'explorateur-hydrographe : il dresse la carte du Saint-Laurent au gré de quarante-neuf voyages d'observation sur le fleuve et son estuaire.

Tout va trop bien, le balancier de la chance commence à pencher vers l'autre versant. En 1690, l'amiral Phipps, qui passe par là avec trente-cinq navires dans le but d'assiéger Québec, brûle tous les établissements français de Gaspé à Mingan et prend en otage Joliet et les siens; il les échangera contre des prisonniers anglais. Après quoi Joliet retourne

dans son île et meurt en 1700, pauvre mais célèbre. On n'a jamais trouvé le lieu de sa sépulture. Quant à Phipps, battu par Frontenac, il redescend le fleuve, mais perd une importante partie de sa flotte sur les récifs de l'île aux Œufs, un îlot sans histoire situé au large de Baie-Comeau. Un autre de ses navires sombrera sur la pointe ouest de l'île d'Anticosti le 28 octobre; son équipage y passera l'hiver. Quarante hommes mourront des suites du scorbut, mais vingt-deux survivront et seront rapatriés le printemps suivant.

Les enfants de Joliet héritent chacun d'une partie de l'île, mais un siècle plus tard, après avoir changé de mains, elle sera vendue par shérif. Le

gouverneur Craig voit échouer une première tentative de colonisation en 1825; un autre essai en 1874,
cette fois par la compagnie Forsyth, ne réussit pas
mieux. La dilapidation des fonds cause un nouveau
fiasco et plonge dans la plus grande misère les
quelques familles de colons venues des îles de la
Madeleine et de Terre-Neuve.

Dans son livre intitulé *Anticosti*, Charlie
McCormick témoigne de sa rencontre avec John
Osborne en 1948. Fils d'une famille terre-neuvienne
et né en 1880 à la baie du Renard, Osborne raconta
que son père, mort en mer, avait laissé sa mère seule

sur l'île. Quand McCormick le rencontra, l'homme
débarquait d'un *schooner* de neuf mètres sur lequel il
naviguait en solitaire. Visitant sa maison natale
détruite par Menier, il pleura abondamment.

La compagnie anglaise avait liquidé cette île
encombrante le 16 décembre 1895 et elle avait été
reprise par un industriel parisien, Henri Menier.

ANTICOSTI, CIMETIÈRE DU GOLFE

Si Anticosti exerce un attrait sur les amateurs d'aventure, elle a aussi malheureusement fasciné nombre de
capitaines. Malgré l'installation, entre 1831 et 1871,

La rive nord de l'île est escarpée et pratiquement inaccessible.

Anticosti abrite des camps de pêche luxueux. Certains, tel le camp de Safari Anticosti, sur la rivière à Saumon, sont dotés d'une piste d'atterrissage privée.

de quatre phares, c'est par centaines que les navires les plus divers se sont éventrés sur les innombrables récifs qui l'entourent, d'où son surnom peu flatteur de « cimetière du Golfe ». Une compilation partielle effectuée de 1736 à 1964 ne dénombre pas moins que cent soixante-seize naufrages importants.

On peut imaginer la souffrance des marins frappés par un tel malheur pour peu qu'on connaisse le témoignage du seul survivant du *Leader*. Le

bateau, chargé de farine et de lard salé, quitte Montréal le 22 novembre 1863 avec huit hommes à destination de Terre-Neuve, mais il doit faire une halte d'une semaine à Québec pour réparer certaines avaries. Quand le navire arrive dans le golfe, une violente tempête précipite quatre hommes à la mer et lui arrache son grand mât. Le *Leader* dérive vers Anticosti et s'échoue sur les rochers de la baie au Renard. Ne trouvant aucun secours aux environs, les quatre survivants s'enferment dans la cale du bateau maintenant prisonnier des glaces. Trois d'entre eux meurent de froid et d'épuisement. Le quatrième, du nom de Mercier, passe tout l'hiver dans l'épave, sans aucun feu, se nourrissant de lard cru et de farine détrempée à la neige.

En mars, des chasseurs de phoque s'avancent pour examiner l'épave de près. Voyant Mercier bouger au milieu des cadavres, ils crient au fantôme et s'enfuient. Finalement, le plus brave d'entre eux revient sur ses pas. Mercier avait tellement souffert du froid que ses orteils étaient tombés laissant des plaies ouvertes. Grâce aux chasseurs terre-neuviens, il allait en réchapper.

Les naufrages étaient tellement fréquents aux abords d'Anticosti qu'en 1808, le gouvernement canadien établit à divers endroits autour de l'île des dépôts de vivres destinés aux éventuels naufragés. Ces dépôts consistaient en une habitation abritant une double rangée de couchettes superposées et couvertes de paille. Au centre, un poêle de fonte; dans un bas-côté, quinze barils de farine, sept de pois, sept de lard salé, du thé et du sucre. Des écriteaux disposés autour de l'île indiquaient la direction et la distance pour arriver aux dépôts. Chaque dépôt était confié à la surveillance d'un gardien pour prévenir le pillage.

L'OGRE D'ANTICOSTI

L'un de ces dépôts allait être le théâtre de l'événement tragique suivant. L'histoire de l'ogre d'Anticosti fait pâlir tous les autres récits du genre, même fictifs. Inscrite aux livres de la marine, celle-ci est absolument authentique. Le *Granicus*, bâtiment à voiles chargé de poisson et de sel, se fracasse sur les récifs de la pointe est d'Anticosti en novembre 1828. Un matelot qui se trouvait sur la vergue d'artimon avait négligé d'exécuter promptement un ordre du capitaine et, cause du malheur, il avait reçu une balle de pistolet dans la cervelle.

L'équipage et les passagers, environ cinquante-sept personnes, érigent donc un abri de fortune et

Le phare de la pointe sud-ouest.

s'alimentent tout l'hiver grâce au poisson salé contenu dans l'épave; néanmoins trente-trois personnes ne parviennent pas à survivre. Quand arrive avril, le groupe restant se déplace en chaloupe le long des rives de l'île et voit les écriteaux indiquant la direction du dépôt de Belle-Baie. Cependant, par un malheureux concours de circonstances, le dépôt se trouve vide : le gardien qui avait perdu sa femme au cours de l'hiver, avait remis sa démission aux premiers jours du printemps et venait d'être rapatrié. Ne parvenant pas à le remplacer, le gouvernement avait envoyé une goélette quérir les provisions et les équipements du dépôt.

D'après le journal de bord du capitaine, les naufragés sombrent dans un profond désespoir et se laissent aller à la dispute. La dernière page du journal porte la date du 28 avril 1829. Dix jours plus tard, le 8 mai, le capitaine Basile Giasson, des Îles-

de-la-Madeleine, passe par là. Le vent étant contraire et ayant épuisé sa provision d'eau, le capitaine décide à la fin de la journée de mouiller dans Belle-Baie pour la nuit. Bizarrement, bien qu'une chaloupe ait été soigneusement posée sur la plage, rien ne bouge autour du dépôt.

Muni de quelques fusils, le capitaine Giasson s'approche accompagné de trois de ses hommes. Horrifiés, ils aperçoivent tout d'abord à vingt pas du dépôt une robe de soie et des vêtements d'enfant percés de coups de couteau et couverts de sang. Craignant que des meurtriers les surveillent, les visiteurs pénètrent dans la hutte avec mille précautions. Dans l'appentis, ils voient six cadavres éventrés, la tête coupée, accrochés aux poutres du plafond. Des morceaux de chair avaient été prélevés aux cuisses et aux fesses. Les quatre hommes imaginant l'inimaginable sont saisis d'horreur. Leur premier mouvement, c'est de

quitter les lieux, mais ils se ravisent et poursuivent leurs recherches. Pénétrant dans la sombre maisonnette, les quatre sauveteurs trouvent dans la première pièce, suspendus à la crémaillère, deux seaux remplis de jambes et de bras. Dans la seconde pièce, trois coffres et un baril de chair humaine fraîche récemment salée.

C'est avec la plus grande appréhension que le capitaine pénètre dans la chambre à coucher. Posés à terre, un grand couteau et une jambe rongée jusqu'à l'os. Un homme noir de taille gigantesque se trouve étendu tout habillé dans un hamac; l'ogre était mort, apparemment d'indigestion.

Les marins remontent à bord pour y passer la nuit, mais ils ne parviennent pas à fermer l'œil. Au matin, ils retournent à terre pour ensevelir l'anthropophage et ses victimes, mais trouvent, chemin faisant, dix-sept autres corps mutilés et abandonnés un peu partout. Plus tard, on allait découvrir deux

cadavres de plus dans la forêt et une planchette sur laquelle était gravé au couteau : « Quelle tristesse! Quelle pitié! » De l'examen des lieux et des notes du livre de bord, les autorités civiles conclurent que les naufragés, mourant de faim, s'entretuèrent jusqu'à ce que le géant exterminât le dernier. Quant au mari de la passagère et père de l'enfant, il perdit la raison quand il apprit le sort qui leur avait été réservé.

À la suite de tels événements, le gouvernement érigera des phares autour de l'île. Le premier, à la pointe sud-ouest fut bâti en 1831. Six autres ont suivi et, vers 1875, neuf stations télégraphiques furent ajoutées. Ces phares aideront à la navigation et l'un d'eux, celui de la pointe à la Bruyère (*Heath Point*) sera plus tard l'objet d'un usage tout à fait particulier.

Malgré tout, des navires s'échouent encore sur les récifs d'Anticosti, tel ce pétrolier dont, récemment, le contenu a décimé quantités d'oiseaux aquatiques et pollué les berges. Il suffit d'ailleurs de circuler autour de l'île pour voir encore nombre d'épaves.

GAMACHE, LE NAUFRAGEUR

Comme la cargaison d'un navire peut valoir une fortune, les naufrages allaient fatalement attirer des pillards dont le célèbre Louis-Olivier Gamache. Les marins du temps racontent à tort ou à raison que ce pirate nouveau genre, installé au fond de la baie Ellis, aujourd'hui Port-Menier, allume de grands feux de plage la nuit. Leurrés par ce signal, plusieurs capitaines de navires européens évaluent mal la distance réelle de la côte et viennent échouer sur les brisants. La famille Gamache porte secours aux naufragés tout en prenant soin de piller les épaves. Ils approvisionnent ainsi toute la Basse-Côte-Nord des fruits de ce commerce illicite. La réputation de Gamache est telle qu'il passe à la légende de son vivant.

Né à l'Islet en 1784, Louis-Olivier Gamache se fait embaucher comme mousse à bord d'un bateau anglais. À partir de ses onze ans, il bourlingue à travers le monde pour s'établir à Anticosti en 1810 avec sa jeune épouse. Gamache semble vivre heureux, avec une conscience tranquille si l'on en croit le témoignage de l'abbé Ferland qui le rencontre en 1854. D'après l'historien, le naufrageur est encore un homme vert et vigoureux malgré ses soixante-dix ans. Dans sa grande maison barricadée, sont suspendus çà et là une douzaine de fusils chargés, en plus d'une grande quantité de pistolets, d'épées et de sabres. Un canon monte la garde devant la porte et ses hangars abritent encore de longues rangées de barils, de seaux et d'épaves de toutes sortes.

De toute évidence, la personnalité de Gamache n'était pas sans ressources, puisque le bon abbé raconte béatement : « Pendant les quelques heures que nous passâmes en ce lieu, nos préjugés contre Gamache se dissipèrent. Dans sa personne, les dehors étaient rudes, mais le fond était bon. Il était le premier à rire des moyens qu'il avait employés pour acquérir sa terrible renommée, et il se félicitait de la sécurité que lui procurait son poste périlleux. Nous pûmes recueillir de sa bouche quelques détails sur sa vie et en particulier, sur les espiègleries qui avaient rendu son nom célèbre dans les quartiers d'alentour. »

Gamache ne manque pas d'imagination et ne ménage rien pour entretenir sa renommée. S'avisant un soir de souper dans un hôtel de Rimouski, il se rend compte de la frayeur qu'il inspire au personnel. Il demande alors qu'on le serve dans une pièce fermée et qu'on dresse deux couverts. Comme il n'a pas mangé de la journée, il commande deux repas et insiste pour qu'on ne le dérange pas. Voyant par la

Anticosti a été surnommée cimetière du golfe; de nombreuses épaves jalonnent encore son pourtour.

suite que toute la nourriture a bel et bien été consommée, on déduit que Gamache a soupé avec le diable. Vu le succès de son stratagème, l'homme revient le lendemain soir et reproduit le même scénario en avisant le personnel qu'un homme tout de noir vêtu viendrait partager ses agapes. Quelques minutes après le service, le personnel affolé voit s'ouvrir et se refermer la porte de la pièce privée sans que personne ne passe; pas de doute, Satan lui-même soupait avec le naufrageur. Ce soir-là, Gamache quitte les lieux en

La tombe du célèbre naufrageur Louis-Olivier Gamache est précieusement sauvegardée.

riant sous cape; c'est lui qui, dans la pénombre, avait actionné la porte avec une ficelle!

Gamache traite allègrement avec les Amérindiens de la Basse-Côte-Nord bien que ce privilège soit réservé à la compagnie des postes du roi d'Angleterre. Venu un jour à Québec pour vendre ses fourrures et acheter ses provisions d'hiver, monte à bord de son bateau, au moment du départ, un visiteur inattendu. Flairant le danger, Gamache reçoit l'homme de loi avec la plus grande civilité et l'invite à descendre dans sa cabine. Une joyeuse conversation s'engage entre deux rasades et quelques « pipées ». Finalement, le huissier déclare qu'il a la désagréable tâche de saisir son bateau. « Faites votre devoir », nargue l'aventurier. Remonté sur le pont, l'homme constate avec horreur que la goélette double déjà l'île d'Orléans. Sur un signal du flibustier, l'équipage avait discrètement levé l'ancre et le pauvre huissier allait passer l'hiver à Anticosti.

On ne s'étonnera pas que la tête de Gamache ait été mise à prix. Un jour qu'il trafiquait avec les Montagnais à Mingan, le sacripant voit venir au loin un bateau armé qui se dirige droit vers le sien. « À demain, de bonne heure, crie-t-il à ses clients. Je vais donner l'air d'aller à ces messieurs! » et il lève précipitamment les voiles. La poursuite s'engage et Gamache réussit à garder son avance jusqu'à la nuit. Il exécute alors un tour de passe-passe qui l'immortalisera : à l'aide de quelques planches vétustes, il construit un radeau sur lequel il fixe un petit baril de goudron, puis attisant la cambuse pour faire croire que son bateau brûle, il allume le goudron et glisse le radeau à la mer. Il dévie aussitôt de sa course pendant que les poursuivants s'approchent prudemment de l'incendie. Grande, dit-on, fut la déconvenue des officiers. Le lendemain à l'aube, les habitants de Mingan n'en reviennent pas : la goélette de Gamache est ancrée dans le port et le négoce bat son plein. Partout, sauf là, des officiers de la loi cherchent notre homme!

De deux mariages, Louis-Olivier Gamache aura eu douze enfants, quatre garçons et huit filles. On a perdu la trace de sa descendance à l'exception d'une fille, Marie, qui épousera un capitaine au long cours originaire de Suède, John Amstrom, qui se fait appeler Clark parce que c'est plus facile. Le couple s'établit à l'isle Verte. Leur fille Sophie Clark épouse John McGough, émigré irlandais, en 1855. John McGough pratique le métier de cordonnier à l'Isle-Verte. Ils auront une fille, Philomène, qui mariera un ami de son grand-père Amstrom. Malgré un âge avancé, son époux lui donne de nombreux enfants.

Quant au célèbre aventurier, il meurt tranquillement en 1856. Sa dépouille est mise en terre près de sa maison, auprès de sa deuxième épouse et une de ses filles morte en bas âge.

LE ROI MENIER

Henri Menier est un industriel entreprenant et prospère; il a donné son nom à des chocolats dont se délecte toute la France. Il mène un grand train de vie, aime la mer, la chasse et la pêche. Depuis longtemps, il cherche un domaine à la mesure de ses rêves quand il apprend, au printemps 1895, que l'île d'Anticosti, bien connue dans les milieux maritimes, est à vendre. Intéressé mais prudent, il charge son meilleur ami et conseiller, Georges Martin-Zédé, d'explorer cette île avec un groupe d'experts.

À la lecture du rapport subséquent, Menier décide d'acheter l'île. Non content d'en faire un paradis de chasse et de pêche, il envisage de la transformer en royaume, avec château et sujets. Le 16 décembre 1895, devant le notaire William Noble Campbell de Québec, H.E.-A. Menier signe l'acte d'achat et allonge cent vingt-cinq mille dollars. Il nomme Martin-Zédé administrateur, se procure en Angleterre un bateau à vapeur, le *S.S. Savoy*, pour faire la navette entre Québec et l'île, et ouvre un bureau à Québec dont l'agent doit coordonner les relations avec les fournisseurs. Au printemps de 1896, il vient faire le tour de l'île sur son voilier, *La Valléda*, pêche le saumon dans la Jupiter et dresse les plans de son futur royaume.

D'abord, il chasse de l'île tous les « squatters » et occupants illicites, embauche les habitants qui veulent travailler et rachète à prix fort les droits de quiconque en détient. Ensuite, il divise l'île en quatorze départements, nomme un gouverneur et des chefs de service, appointe un médecin, érige une école. Le territoire le plus populeux situé du côté nord-ouest de l'île s'appelle English Bay que Menier rebaptise Baie-Sainte-Claire en mémoire de sa mère. Là, il fait rénover les maisons bâties par les anciens propriétaires et en érige de nouvelles; il ajoute un hôpital, deux hôtels, une salle publique, il recouvre les rues de macadam, bref il donne à l'île un air de prospérité qu'elle n'avait jamais connu. Un tel déploiement d'activités finit par inquiéter les autorités du pays; les mauvaises langues parlent de l'établissement d'une tête de pont : la France préparerait-elle la reconquête du Canada? Menier doit aller s'expliquer devant la Couronne anglaise. L'affaire prend une telle ampleur qu'il faut un jugement de la cour d'appel pour confirmer les droits de l'acquéreur et la visite d'inspection du gouverneur général du Canada, Lord Minto, pour y mettre fin.

Entre-temps, tous les habitants d'Anse-aux-Fraises, qui comptait dix-sept familles acadiennes, et tous ceux de Baie-Sainte-Claire sont contraints de remettre leurs fusils et doivent signer une reconnaissance des droits du nouveau propriétaire. Des règlements sévères sont imposés sous peine d'expulsion.

RÈGLEMENT DE L'ÎLE D'ANTICOSTI

L'île d'Anticosti est une propriété privée dépendant de la province de Québec et régie par les lois du Canada et de cette province.

Les habitants, – qui ne peuvent résider dans l'île qu'en vertu de baux ou de permissions régulières, – doivent se soumettre au présent règlement et à tous autres règlements d'administration ou de police qui seront édictés par la suite.

LE CHÂTEAU MENIER

L'île d'Anticosti est déjà riche en gibier : en plus des phoques et des baleines qui l'entourent, l'ours y abonde, de même que la loutre, la martre et le renard. Malgré quoi, Menier importe du gibier supplémentaire en nombre et en variété : deux cent vingt cerfs de Virginie, capturés à cap Saint-Ignace par le trappeur Boulay, une trentaine de castors, quelques orignaux, des caribous, plusieurs centaines de lièvres et des cerfs Wapitis des Rocheuses. Un parc à renards est construit dans le but de produire des renards argentés et des renards croisés.

RÈGLEMENTS

ARTICLE 1. Il est défendu de débarquer dans l'île, d'y séjourner, résider, exercer un commerce, une industrie ou une profession quelconque sans avoir obtenu une autorisation spéciale et nominative signée par l'Administration.

ARTICLE 2. Toute permission d'habiter l'île, d'y exercer une profession ou une industrie quelconque est toujours révocable.

ARTICLE 3. Nul ne peut loger, abriter sous son toit ou prendre à son service une personne qui ne soit porteur d'un permis de séjour régulier.

ARTICLE 4. Nul ne pourra importer dans l'île, ni en exporter des marchandises comestibles, boissons, céréales, semences, plantes, chiens, bestiaux ou animaux et, en général, des objets, choses ou animaux quelconque, autrement que par l'entremise du service commercial et au moyen des bateaux de ce service, avec l'autorisation de l'Administration.

ARTICLE 5. L'usage de l'alcool, des spiritueux et boissons fermentées est prohibé.

ARTICLE 6. Il est défendu de posséder et de détenir des armes à feu. À titre exceptionnel et dans des cas particuliers, des permis nominatifs, temporaires et toujours révocables, signés du Gouverneur, pourront être accordés. Ces permis porteront la désignation de l'arme, qui sera poinçonnée et numérotée.

ARTICLE 7. La chasse, de quelque animal que ce soit, et de quelque façon qu'elle soit pratiquée, est prohibée. Il en est de même de la capture, du recel, de la destruction de tout animal, de ses petits, de ses gîtes, de ses nids, de ses œufs.

ARTICLE 8. Est également prohibée la pêche dans les rivières, estuaires, lacs et étangs.

ARTICLE 9. Nul ne pourra posséder d'embarcation sans une permission nominative mentionnant la nature de cette embarcation, ses dimensions, son tonnage et son inventaire, ainsi que l'emploi auquel elle est destinée. Ces permissions sont toujours révocables. Chaque embarcation devra porter sur la coque et la voilure un numéro apparent et d'un modèle déterminé, ainsi qu'un poinçonnage sur l'étrave.

ARTICLE 10. Nul ne peut s'approprier les épaves et, en général, aucun objet ou animal échoué sur les côtes de l'île. Toute personne ayant connaissance d'épaves devra en faire une déclaration immédiate à l'Administration.

ARTICLE 11. Toutes les naissances, tous les mariages, tous les décès qui auront lieu dans l'île devront être déclarés à l'Administration et à ses représentants dans chaque district, sans préjudice des formalités d'état civil édictées par les lois canadiennes.

ARTICLE 12. Il est interdit aux habitants d'arracher ou de lacérer les affiches et placards apposés par l'Administration.

ARTICLE 13. Toute découverte de mines, minières, carrières, sources, devra être immédiatement déclarée à l'Administration, non seulement par l'auteur de cette découverte, mais encore par toute personne qui en aurait connaissance.

ARTICLE 14. Aucune inhumation ne pourra être faite en dehors des lieux affectés aux cimetières et consacrés à cet effet.

ARTICLE 15. L'abord et le pourtour des habitations devra toujours se trouver dans un état de propreté absolue.

En conséquence il est défendu :

1° De faire ou de déposer des ordures le long des murs, palissades, chemins publics ou privés;

2° D'accumuler les ordures ménagères à proximité des habitations;

3° D'établir des fosses à fumier ou d'aisance à moins de cinquante mètres d'un puits ou d'une source servant à la consommation d'eau potable.

ARTICLE 16. Les détritus provenant des industries de la pêche devront être déposés dans un endroit affecté à cet usage et qui sera désigné par l'Administration, en tenant compte des prescriptions d'hygiène publique.

ARTICLE 17. Toutes les fois qu'un cas de maladie réputée contagieuse se présentera, déclaration de ce cas, avec désignation de la personne atteinte et du lieu où cette personne se trouve, devra être faite sans retard à l'Administration.

ARTICLE 18. Tout habitant en entrant dans l'île doit être vacciné et sera revacciné par période au moins décennale.

ARTICLE 19. Tout habitant de l'île doit se soumettre aux mesures sanitaires ordonnées par le Gouverneur, sur l'avis du service médical ou vétérinaire, telles que désinfection d'habitation, de bâtiments d'exploitation, isolement des personnes ou des animaux atteints de maladies réputées contagieuses.

ARTICLE 20. Les ports et mouillages de l'île sont régis par les règlements de la police de santé internationale en ce qui concerne la patente de santé et les quarantaines.

ARTICLE 21. La pêche maritime (poissons, homards, boëtte) par les habitants ainsi que la chasse des loups-marins, baleines, souffleurs, etc., est réservée. Elle sera organisée et régie par un règlement spécial, de manière à en assurer la conservation tout en donnant aux habitants du littoral de l'île une source de profits.

ARTICLE 22. Sauf le cas de naufrage ou d'avarie, nul ne peut débarquer, aucun navire ne peut charger ou décharger des marchandises sans autorisation préalable, comme il est dit à l'article 1er.

ARTICLE 23. Tout animal, quelle que soit son espèce, ne pourra être importé dans l'île qu'en vertu d'une permission spéciale et après visite et avis favorable du service vétérinaire. Spécialement pour les espèces bovine, ovine, porcine, et chevaline, les animaux devront séjourner un certain temps dans un sanatorium, pour y être en observation et y subir certaines expériences, entre autres la vaccine de la tuberculose.

ARTICLE 24. Toute personne possédant, à quelque titre que ce soit, un animal atteint ou soupçonné d'être atteint de maladie contagieuse, devra en faire la déclaration immédiate à l'Administration.

ARTICLE 25. Il est interdit d'une manière absolue d'allumer des feux, de faire brûler les herbes, broussailles, arbres, sur les territoires boisés de l'île, et en général dans tous endroits où ces feux pourraient être cause d'incendie. S'il y a lieu, les défrichements par le feu feront l'objet d'un règlement spécial.

ARTICLE 26. Aucun défrichement ne pourra être fait sans avoir été préalablement consenti et délimité par le Gouverneur.

ARTICLE 27. Le père, la mère, le tuteur, les maîtres et patrons sont responsables des délits commis par leurs enfants mineurs non mariés, pupilles demeurant avec eux, domestiques, employés ou préposés.

ARTICLE 28. Toute infraction au règlement sera un cas de résiliation de bail ou de contrat et de retrait de permission de séjour, sans préjudice de toutes actions légales et en dommages et intérêts.

Henri Menier, Anticosti, 1er mai 1896

À cette époque, incidemment, certaines fourrures font l'objet d'une spéculation débridée sur les marchés européens; les meilleures pelleteries de renard se vendent beaucoup plus cher que l'or, poids pour poids. Ainsi, le capitaine Placide Vigneault, qui tint pendant cinquante ans un journal des principaux événements de la pointe aux Esquimaux, rapporte qu'à l'hiver 1900, une très belle peau de renard fut achetée sept cent vingt dollars par le marchand de fourrures Beetz de Piestebé.

Les lièvres se multiplient rapidement à l'île et le nombre de renards grandit au point que, en 1912, Martin-Zédé en cesse l'élevage. Cependant, ni le caribou, ni le wapiti ne parviennent à s'adapter. Quant aux orignaux, ils survivent, mais se multiplient lentement : on apprendra plus tard qu'ils sont affectés par un parasite du cerf de Virginie. Heureusement cet animal trouve sur l'île un habitat qui lui convient, bientôt, Menier peut inviter ses amis à chasser ce qu'on appelle à tort le « chevreuil ».

Enivré par ce fantastique domaine, Menier vend *La Valléda* et achète un impressionnant trois-mâts, *La Bacchante*, qui avait appartenu au célèbre prince Stroganoff. À coque d'acier, ce navire peut croiser à douze nœuds, comporte six cabines avec chambre de bain, un salon, une salle à manger et un fumoir. Sur le pont, deux canons de quarante-sept millimètres assurent la vigie.

Au fond de la baie Ellis, où s'élève aujourd'hui Port-Menier, le maître de céans fait construire, un peu en retrait et sur le site de feu Louis-Olivier Gamache, une villa semblable à quelque château nordique. Il s'agit d'un pavillon de chasse de grande classe dont l'architecture rappelle les styles norvégien et normand. L'édifice comprend une salle de réception de vingt mètres de longueur sur douze de largeur munie d'un balcon suspendu et d'une

Page précédente, en haut :
Un paléontologue examine un fossile trouvé sur une rive calcaire.

Page précédente, en bas :
Dans le secteur est de l'île, le sol est littéralement couvert de fossiles par endroits.

immense fenêtre en forme de fleur de lys. Les murs de la salle à manger sont en bois sculpté suivant le style norvégien et, partout, de grandes fenêtres donnent sur la baie. S'ajoutent une immense cuisine, une cave à vin aussi bien garnie que celle des meilleurs hôtels, la suite personnelle de Menier, son bureau, une bibliothèque, douze chambres à coucher destinées aux hôtes et, attenantes, des salles de bain tout en marbre, sans compter plusieurs autres pièces.

Le château est muni d'un système de chauffage central, et fournit l'eau courante et l'électricité. Des meubles anciens provenant de Norvège et d'autres fabriqués à Paris ont été spécialement conçus pour l'une ou l'autre pièce du château. Les tapisseries, les rideaux, les lustres, les jardinières de bronze ouvragé, les potiches et les faïences antiques, les toiles des grands maîtres, les services de table d'argent massif, la verrerie de cristal, les épais tapis orientaux, bref tous les accessoires témoignent de la richesse et du bon goût du propriétaire. Les hauts fonctionnaires du gouvernement du Québec et du Canada, invités par Menier, retrouvent dans ce domaine perdu en pleine nature toute la classe et tout le raffinement de la bourgeoisie française.

C'est littéralement du haut de son trône orné d'une tête de cerf que Menier rend justice. À chaque fois qu'il rentre, il tire de la baie quatre coups de canon pour prévenir ses sujets, puis regagne le château. Le lendemain, royalement dressé dans son fauteuil, il fait défiler ses chefs de service, puis tous ceux qui ont dérogé aux règlements; les punitions vont de l'amende à l'expulsion de l'île.

FIN DU RÉGIME MENIER

Menier fait défricher deux cents arpents qu'il met en culture auxquels il ajoute les trois cent trente arpents des lacs Gagnon et de la Marne asséchés à cette fin; il construit un quai d'un kilomètre pour faciliter l'exportation du bois et engage deux cent cinquante hommes pour l'exploitation de la forêt. Le village de Baie-Sainte-Claire se trouve d'un côté de l'île, mais le château et les activités industrielles

**Le cerf de Virginie est l'animal vedette d'Anticosti.
L'île en compte plus de cent mille.**

de Menier se développent de l'autre côté, sur la baie Ellis où il crée une ville appelée Port-Menier. Il fait construire un petit chemin de fer destiné au transport du bois de pulpe écorcé dans une usine alimentée en électricité par le brûlage des copeaux et du bran de scie.

Le cœur de l'île enchantée bat tranquillement depuis dix-huit ans quand, le 6 septembre 1913, un télégramme annonce la mort subite du roi Menier. Consternés, les insulaires prennent le deuil. Non seulement perdaient-ils leur maître vénéré, mais son frère héritier menaçait d'interrompre le charme. Gaston Menier n'a jamais approuvé les extravagances d'Henri et, qui plus est, il avait capté les signes d'une guerre imminente.

De fait, à peine était-il arrivé à Port-Menier, qu'il doit repartir précipitamment, soit le 2 août 1914 : la Première Guerre mondiale s'amorçait. Il

décide de poursuivre quand même l'exploitation forestière pour faire vivre les insulaires et fait bâtir des pavillons de pêche pour attirer les touristes.

L'exploitation forestière ayant pris fin en 1917, Gaston Menier ne remettra les pieds à Anticosti que deux ans après la fin de la guerre. Martin-Zédé est toujours au poste. Ayant congédié les travailleurs saisonniers, il réussit à moitié à assurer le pain quotidien des résidants à partir des retombées de la pêche sportive. Entre-temps, Menier a vieilli et beaucoup adouci ses positions vis-à-vis l'île où il reparaît en 1920. Il aime y pêcher le saumon et revient chaque année avec des amis jusqu'en 1926.

Ce printemps-là, M. Paul Maynard, délégué de la compagnie *Wayagamak Pulp & Paper* de Shawinigan, rencontre Georges Martin-Zédé pour lui proposer

Couple de cerfs de Virginie. Seul le mâle porte des bois.

l'achat de cinquante mille cordes de bois de pulpe, soit plus de deux cent mille mètres cubes, bref une commande importante. L'offre est alléchante quoiqu'elle comporte des charges de taille : faire venir des travailleurs forestiers et remettre l'industrie en marche. Comme la guerre avait contribué à dévaluer le franc, Gaston Menier vieillissant souhaite récupérer un peu de l'argent investi par son frère : il offre donc de vendre l'île. Alors, la *Wayagamack*, la *Saint-Maurice Valley Corporation* et la *Port-Alfred Pulp & Paper Corporation* réunies en consortium, l'*Anticosti Corporation*, achètent l'île contre six millions et demi de dollars.

Gaston Menier revient à Anticosti au cours de l'été 1927 pour faire ses adieux à la population. Tous les insulaires l'écoutent avec le plus grand respect; les plus vieux tiennent leur chapeau à la main comme jadis au pied du trône. Le maître parti, ils retournent chez eux non sans verser quelques larmes.

L'*ANTICOSTI CORPORATION*

Anticosti passe donc sans transition du régime féodal à un régime totalitaire. Contrairement aux anciens propriétaires pour qui Anticosti avait été un jouet d'enfant gâté, les nouveaux administrateurs visent le profit. Non seulement maintiennent-ils le règlement Menier, mais une police se voit chargée de le faire respecter. En prévision d'une exploitation intense de la forêt, la corporation rallonge le quai d'une jetée de deux cents mètres longeant un bassin de rétention du bois de six kilomètres carrés. Une flèche de chargement horizontale de vingt-trois mètres est montée sur rails et deux monte-billes tirent le bois du bassin de rétention pour l'acheminer directement dans la cale des bateaux alignés de l'autre côté du quai. On doit renforcer les chaudières pour assurer l'énergie électrique nécessaire aux nouveaux instruments. Dans le but de transporter le bois à Trois-Rivières et à Port-Alfred, on construit six bateaux d'une capacité de trois mille cinq cents mètres cubes. La prospérité semble revenue à Port-Menier. Les bûcherons arrivent de partout et la population passe de quatre cents à trois mille âmes. L'essor économique ne dure hélas que trois ans : la crise économique de 1929 se fait sentir jusqu'à l'île lointaine et, douze mois plus tard, l'*Anticosti Corporation* ferme chantier. Alors que les travailleurs contractuels quittent Anticosti, les insulaires demeurent prisonniers d'une économie chancelante; le propriétaire les met au service des pêcheurs de saumons, seuls visiteurs de l'île.

ESPIONS ET CONTRE-ESPIONNAGE

Située aux portes de l'Atlantique et à la sortie du Saint-Laurent, l'île d'Anticosti représente un site avantageux tant pour les espions que pour ceux qui leur font la chasse. On se rappellera que les Allemands avaient, un peu avant la première guerre mondiale, établi un centre d'espionnage à l'île d'Orléans sous le couvert d'une usine de produits de ciment.

Ce que les hommes du Kayser ignoraient probablement, c'est que les services de contre-espionnage canadiens occupaient au même moment une base secrète à Anticosti à partir de laquelle ils diffusent vers l'Europe. D'après ses mémoires, le colonel Pelletier, celui-là même qui a si bien décrit la chasse au béluga, a lui-même dirigé incognito l'équipe chargée d'émettre à partir du phare de la pointe à la Bruyère. Ce phare se trouvait dans un endroit désertique à neuf milles de la pointe est d'Anticosti. L'équipe de contre-espionnage, composée d'officiers et de sous-officiers, connaissait

également le code qui permettait de déchiffrer les messages interceptés durant la Première Guerre mondiale.

Pendant la Seconde Guerre, plusieurs sous-marins allemands s'infiltrent dans le golfe et quelques-uns se laissent apercevoir aux abords d'Anticosti. Les gardes-pêche de l'île racontent que, durant la nuit, une toile noire dans chaque fenêtre empêchait tout rayon de lumière de filtrer à l'extérieur. Revenant souvent tard de leur patrouille, les garde-côte devaient naviguer à tâtons aux abords de la baie de Port-Menier et ils craignaient beaucoup plus les Allemands que les braconniers de la Côte-Nord.

Un bateau, le *Racoon*, est coulé par les Allemands au large de la pointe ouest, et les gardes découvrent le corps d'un des passagers, un joueur de hockey du nom de O'Connor, sur les récifs au large de la rivière Becscie. Pour sa part, le capitaine du *Copaco*, voyageant de nuit entre Gaspé et Port-Menier, aperçoit un sous-marin en surface et, mine de rien, passe son chemin sans changer d'allure. Un commandant allemand, qui racontera plus tard ses aventures dans l'estuaire du Saint-Laurent, explique qu'il n'avait pas voulu gaspiller ses munitions pour un si petit bateau.

Les Allemands ont vraiment un œil sur la grande île. Dès l'automne de 1937, de faux ingénieurs viennent soi-disant sonder la possibilité d'importer du bois. Accompagnés d'un interprète, ils parcourent l'île dans tous les sens pendant un mois, prenant note de toutes les installations et relevant la profondeur de l'eau dans chaque baie. Lorsque le premier ministre Maurice Duplessis demande à la compagnie *Consolidated Paper*, maintenant propriétaire de l'île, de cesser toute négociation avec ces étrangers, ils déguerpissent tellement vite qu'ils laissent leurs bagages derrière eux. À la suite de cet incident, un bateau de guerre canadien, le trois-mâts *Venture* de Halifax accoste à Port-Menier avec une brochette d'experts militaires venus étudier la pertinence d'installer une base de défense côtière sur l'île. Ce projet est resté lettre morte.

LES SAUMONS D'ANTICOSTI

Anticosti demeure un paradis de chasse et de pêche. Excellente dans l'ensemble, la récolte faunique a porté avec le temps sur des espèces différentes. Si jadis on y piégeait la loutre, la martre et le renard, seul le renard abonde toujours. Réputé nuisible, le dernier ours a été abattu sur le territoire de la rivière Vauréal vers 1975[1]. Par contre, le cerf de Virginie s'est grandement multiplié depuis Menier et il compte pour la principale ressource de l'île, supplantant même le saumon. La Jupiter, où Menier aimait lancer à la mouche, est un cours d'eau peu profond mais large, peu accidenté, qui coule sur un lit de gravier pâle entre des berges légèrement surélevées. Tout au long de son cours, le paysage est sauvage et fort attrayant. Son eau est si pure qu'elle semble sourdre d'une source cristalline. Aucun poisson ne passe inaperçu.

Arrivant de la mer, les saumons se regroupent dans les dépressions de la rivière, qu'on appelle fosses, le temps d'attendre le niveau d'eau opportun pour reprendre leur migration. Les années de montaison généreuse, on peut voir et compter deux ou trois cents individus sagement alignés dans les principales fosses, ce qui n'est pas sans émouvoir un disciple d'Izaak Walton.

Néanmoins, cette émotion n'a rien de comparable à celle que suscite la capture du roi de tous les poissons d'eau douce, le saumon de l'Atlantique. Si Anticosti compte vingt-sept rivières fréquentées par *Salmo Salar*, une seule ne déçoit jamais : la Jupiter. La McDonald, la Becscie, la Saumon, la Patate, la Vauréal et les autres peuvent regorger de saumons une année et n'en pas compter un seul l'année suivante. La montaison totale annuelle pour l'île peut atteindre huit mille saumons. Malheureusement, ce nombre tend à diminuer chaque année à cause de facteurs mal identifiés, mais extérieurs à l'île.

Les premiers pavillons de pêche au saumon ont été bâtis sur la rivière Jupiter. D'abord à son embouchure, puis au milieu de son cours, et enfin près des fosses de tête. Ces chalets, simples mais confortables, ont vu défiler des visiteurs du monde entier. La Jupiter est l'une des rivières au monde les plus recherchées par les passionnés de pêche qui ne reculent devant aucun déboursé pour y tremper leur soie. D'ailleurs, l'ardeur des saumoniers est telle que si la planète Mars en comptait, elle serait sans doute habitée depuis belle lurette!

Au début du siècle, avant que des routes forestières ne sillonnent l'île, on accédait à la Jupiter par la mer. Il n'était pas rare, en juillet, de voir plusieurs voiliers privés mouiller au large de son estuaire; l'équipage montait la garde sous le regard curieux des loups-marins, pendant que les passagers faisaient voler leurs mouches en amont. Quand le camp de mi-rivière fut aménagé à vingt kilomètres de l'embouchure, on y transportait les visiteurs dans des barques basses, tirées de chaque rive par deux chevaux attelés en V.

Les plus vieux guides aiment décrire l'excitation des citadins des années trente quand, avec cannes et bagages, ils empruntaient ce mode de transport inédit. Quelquefois, leurs éclats de voix effrayaient tant les bêtes de trait qu'elles s'emballaient et les souvenirs qu'ils gardaient de leur expédition n'étaient pas loin d'une initiation à la chasse-galerie!

Les histoires de pêche au saumon les plus extravagantes ont eu lieu sur les rivières d'Anticosti. Par exemple, le célèbre milliardaire Nelson Rockfeller, voyant les saumons refuser obstinément ses mouches, demanda au guide de l'amener pêcher ailleurs. « Je vous conduirai à une fosse non loin d'ici où un autre pêcheur a perdu une grosse pièce il y a quelques jours. » Au premier lancer, voilà le crésus américain aux prises avec un saumon. Or, ce n'est pas le saumon qu'il avait attrapé, mais bien le fil cassé de son prédécesseur auquel le poisson tenait

---

1 L'auteur a lui-même vu sa dépouille au dépotoir du camp cité.

En haut, à gauche :
Le Monotrope uniflore, totalement dépourvu de chlorophylle, est l'une des plantes les plus étonnantes d'Anticosti.

Ci-dessus :
Le pygargue à tête blanche communément appelé aigle à tête blanche ou aigle américain, trouve à Anticosti l'un des plus importants site de nidification de l'est de l'Amérique.

Ci-dessus, à droite :
Le cormoran à aigrette niche sur les falaises de la rive nord.

En bas, à gauche
L'île Bonaventure n'a pas l'exclusivité des fous de Bassan.

Ci-contre, au centre :
Le renard roux dans sa phase noire est communément appelé renard argenté.

Ci-contre, en bas :
Le renard roux a déjà fait l'objet d'un élevage intensif à l'île.

En bas, extrême droite :
Le petit pingouin n'a rien de commun avec le manchot malgré son nom.

toujours. Et, le prestigieux client de demander au guide : « En avez-vous d'autres comme ça attachés quelque part? »

Il existe des milliers de modèles de mouches à saumon dans le monde. Si chaque modèle conduit un jour ou l'autre au succès, seul un petit nombre de mouches, les classiques, ne manquent jamais de réussir; c'est le cas, par exemple, de la *Coosaboom*. Voici son histoire.

Un jour le guide Antoine Lelièvre accompagnait un client du nom de Coosaboom sur la rivière Becscie. L'homme pêchait depuis plus d'une heure

Des excursionnistes explorent l'embouchure de la rivière Renard.

dans la fosse voisine du chalet où les saumons sautaient allègrement sans jamais mordre. Survient alors une jeune fille affectée au service qui, pendant une pause, observait discrètement les efforts du pêcheur. Coosaboom la trouva ravissante : pantalon blanc, chandail jaune, cheveux dorés. Se penchant à l'oreille de son guide, il lui dit : « Si j'utilisais une mouche aussi attrayante que cette jolie personne, je parie que les saumons de cette fosse se l'arracheraient! »

Sortant de son sac un petit étau, du fil, des hameçons et des plumes, le pêcheur eut vite fait de fabriquer une mouche blanche, jaune et dorée au galbe engageant. Il la noua au fil de soie et, dès le deuxième lancer, un saumon s'y prit. Un demi-siècle après, la mouche connaît toujours le même succès : aucun pêcheur ne part sans une petite provision de *Coosaboom* dans son coffre à pêche.

LES CHEVREUILS D'ANTICOSTI

De tous les animaux que Menier importa dans son île en 1896, seul le Cerf de Virginie a vraiment proliféré. De deux cent vingt bêtes au départ, le troupeau atteignait cent mille têtes en 1953. Leur abondance causait un double problème : elle attirait les braconniers de la Côte-Nord et menaçait la croissance de la forêt. Comme l'objectif du propriétaire était l'exploitation forestière, il fallait réduire l'encombrant cheptel.

L'abondance de chevreuils à Anticosti était bien connue et dès l'ouverture de la chasse, tous les camps étaient occupés. Pour cinquante dollars par jour, on pouvait rapporter jusqu'à cinq cerfs par séjour. Le chevreuil étant propriété de la *Consolidated Paper*, cette dernière pouvait en disposer à son gré. Ainsi, un de ses employés, John Lelièvre, eut pour tâche, pendant vingt ans, d'abattre, d'emballer et d'expédier aux chefs de service et aux clients de la compagnie quatre cents cerfs par automne. De toute l'histoire cynégétique du Québec, il est certainement le chasseur qui, bien malgré lui, montre le plus impressionnant tableau de chasse.

La chasse à Anticosti respecte dorénavant le principe de la récolte contrôlée et produit, bon an, mal an, sept à huit mille têtes. L'évolution de la population et les conséquences du broutage de cet animal prolifique sont soumises à une surveillance de tous les instants. Les biologistes s'interrogent maintenant sur l'avenir de cet ongulé dont l'impact environnemental a déjà modifié la végétation en supprimant certaines espèces végétales.

ANTICOSTI, RÉSERVE FAUNIQUE

Le coût du transport et la faible taille des arbres ont contribué à freiner l'exploitation de la forêt d'Anticosti. Ainsi, on n'a jamais pu tirer de ses résineux assez de bois d'œuvre pour justifier l'installation d'une grande scierie. Par ailleurs, faute de profondeur, les rivières ne permettaient pas de transporter à peu de frais les billes par le flottage, comme dans d'autres régions.

Le coupe du bois se fit d'abord aux environs de Port-Menier. Puis les bûcherons allèrent chercher les arbres de plus en plus loin en forêt. Au moment où on allait atteindre un secteur abondamment boisé au centre de l'île, un important feu de forêt le rasa. La *Consolidated Paper*, devenue entre-temps la *Consolidated Bathurst*, se mit à étudier des façons de réduire ses coûts d'opération. Comme l'entretien de l'île habitée coûtait cher, on envisagea en 1972 de fermer le village et d'expatrier les habitants. L'exploitation de la chasse et de la pêche sportives serait dirigée depuis Rimouski et l'île, occupée seulement pendant la belle saison.

Les conséquences d'un tel plan eurent été dramatiques pour les insulaires dont la plupart étaient nés dans l'île, de même que leurs parents. L'année 1973 s'amorçait et aucune décision n'avait encore été prise. Cette année-là, l'exploitation d'Anticosti fit perdre plus d'un demi-million de dollars à la compagnie qui décida de mettre l'île en vente. Vu sa position stratégique, aucun gouvernement, provincial ou fédéral, ne voulait la laisser à des mains étrangères. La province de Québec l'acheta pour en faire une réserve faunique.

Charlie McCormick avait soixante-douze ans quand il publia ses précieux documents. Lui, dont toute la vie active s'était déroulée à Anticosti, avait développé une grande affection pour « son » île. La dernière phrase de son livre est prémonitoire : « Je rêvais et rêve encore de faire de l'Île un endroit de villégiature et un parc touristique où les gens viendraient eux aussi s'enivrer sainement de cette magnifique nature. Il pourrait y avoir un traversier

de Gaspé qui se rendrait à l'Île pour continuer vers Havre-Saint-Pierre. De cette façon, les gens auraient la chance de visiter la Gaspésie, Anticosti et la Côte-Nord durant le même voyage. »

Le vieux garde-chasse peut reposer en paix, son souhait est exaucé. Depuis 1973, la plupart des anciens pavillons de chasse et de pêche ont été rénovés et quelques nouveaux ajoutés. Les chalets acquis en même temps que l'île sont administrés par un organisme paragouvernemental, tandis que cer-

2 Terme désignant un ensemble de camps de chasse, pêche et séjour dotés des services appropriés.

Longue plage déserte sur la rive sud de l'île.

tains territoires ont été alloués à des intérêts privés. Ainsi, une « pourvoirie[2] » coopérative est administrée par les résidants de Port-Menier au lac Geneviève. À l'extrémité est de l'île, un immense territoire, connu sous le nom des Pourvoiries Anticosti, a été concédé à un entrepreneur qui a construit des chemins en tous sens, aménagé deux bonnes pistes d'atterrissage et établi plusieurs chalets confortables. Caprice de mécène, il invite chaque été des sculpteurs sur pierre à exercer leur art sur les rochers de la rivière Saumon. Leurs œuvres, qui défient le temps et les éléments, sont en voie de transformer l'endroit en hall permanent d'exposition en plein air.

VISITER ANTICOSTI

Aujourd'hui on accède à Port-Menier, point d'entrée dans la réserve faunique d'Anticosti, par une liaison aérienne commerciale qui fonctionne régulièrement. De plus, à la belle saison, un traversier, le *Nordik-Passeur*, fait la navette entre Gaspé et Havre-Saint-Pierre avec escale à Port-Menier. Mis à part la chasse et la pêche sportives qui sont exploitées commercialement par les pourvoiries, le séjour à Anticosti n'est pour le moment soumis à aucun tarif ni à aucune limite de temps. Bien que les routes forestières requièrent un véhicule solide et quelques roues de rechange, il est possible depuis 1994 de visiter Anticosti sur toute sa longueur. En effet, une piste de brousse, surnommée ironiquement la « Trans-Anticosti », relie les deux extrémités, un voyage de cinq cent trente kilomètres aller et retour. Cette route, adéquatement bornée, passe d'abord au centre de l'île, puis rejoint la rive nord à la hauteur de la rivière MacDonald, offrant jusqu'à pointe Carleton des vues sur la mer. Ensuite, elle revient à l'intérieur des terres pour contourner les hauts caps de la rive nord, longe le canyon de la rivière Vauréal et croise cette dernière en amont de sa célèbre chute. À cet endroit, deux belvédères permettent d'admirer et de photographier la chute et le canyon, deux merveilles de la nature.

Ensuite, la route bifurque en amont de la rivière Saumon : un embranchement mène à son embouchure, pendant que la route principale file vers l'est et serpente entre les immenses tourbières avant de s'arrêter définitivement à proximité de la falaise aux Goélands où nichent vingt-cinq mille couples de mouettes tridactyles, l'une des plus importantes colonies en Amérique du Nord.

Ce secteur de l'île est le plus riche en fossiles : sur certains affleurements rocheux, on peut en compter plus de mille au mètre carré! Outre de nombreux cerfs de Virginie sur la terre ferme, le visiteur apercevra des rorquals et des phoques sur la mer, beaucoup de palmipèdes et d'oiseaux de rivage dans les baies, une grande variété d'oiseaux insectivores et granivores dans les buissons, des bernaches et des canards barboteurs sur les lacs, des cormorans et des fous de Bassan sur les caps, et des pygargues à tête blanche aux abords des rivières. Ces derniers, qu'on surnomme aigles américains et emblème aviaire de nos voisins, constituent la quatrième plus importante concentration du côté est de l'Amérique du Nord.

Il est fréquent de voir des castors bâtir des barrages le long des routes, quand ce n'est pas au milieu de la Trans-Anticosti elle-même. On croise rarement un orignal, mais on est sûr de pouvoir observer tous les jours les plus beaux renards du continent. Ils montrent une grande variété de couleurs allant du noir au roux en passant par le blond, puisqu'ils sont issus de deux importations différentes.

Anticosti, quand on en prend la véritable mesure, n'est pas loin, en effet, de convenir au terme « royaume ». À la vérité, il n'y manque plus qu'une chose : le château de Menier que les propriétaires subséquents ont fait brûler pour des considérations bassement pécuniaires.

L'ARCHIPEL DE MINGAN :
LES ÎLES DES POTS DE FLEURS

Si l'on en croit les récits des premiers arrivants, personne n'a jamais découvert les îles de l'archipel de Mingan : on les a pour ainsi dire tenues pour acquises. Elles ne figurent même pas sur le contrat par lequel la Compagnie des Cent-Associés concède en 1661 l'île aux Œufs à François Bissot de la Rivière pour que ce dernier puisse y chasser. Ce contrat accordait à Bissot : « ... le droit et faculté de chasse et d'établir en terre ferme, aux endroits qu'il trouvera plus commodes, la pêche sédentaire des loups-marins, baleines et marsouins, depuis la dite île aux Oeufs jusqu'à Sept-Îles et dans l'anse où les Espagnols font ordinairement la pêche... »

Cette « anse où les Espagnols font ordinairement la pêche », c'était, selon l'interprétation de François-Joseph Bissot, fils de François Bissot, toute la Côte-Nord, depuis la rivière Moisie jusqu'à la baie de Brador dans le détroit de Belle-Isle, soit quelque huit cents kilomètres. Comme quoi, plus on est loin de la capitale, plus on s'en taille grand! Plus tard, en 1893, la Compagnie du Labrador, qui avait acquis les territoires des héritiers de Bissot, défendit ses prétentions audit territoire devant les lords du conseil privé de Londres. Comme on peut le constater, l'archipel de Mingan comptait pour peu en regard du territoire gigantesque en litige. Pourtant, il s'agit d'un territoire magnifique et exceptionnellement riche en termes de flore et de faune. En fait, il est si représentatif de ce que peut être un habitat naturel qu'il fut érigé en parc national canadien en 1984. L'archipel de Mingan est constitué de quarante-trois îles et de plusieurs centaines d'îlots qui s'égrènent le long de la Côte-Nord, de part et d'autre de Havre-Saint-Pierre.

Les premiers explorateurs constatent que ce coin de pays regorge de phoques, de bélugas et de baleines de toutes sortes. Le premier à y établir un poste de traite est Louis Joliet en 1680. L'endroit est bien choisi et la puissante Compagnie de la baie d'Hudson acquerra plus tard ce territoire.

Malgré son climat rude, c'est un pays de cocagne : les cétacés sont attirés par l'abondance du plancton animal et du capelan; on y pêchait jadis la morue, le thon, le hareng, le flétan et le requin dont on tirait de l'huile et du cuir.

L'hiver, le caribou, le lagopède et le renard blanc envahissent les îles et, l'été, les habitants de la côte font non seulement provision de poisson, mais aussi de fruits sauvages : fraises, gadelles, framboises, bleuets et, surtout, plaquebière, la fameuse « chicoutai ».

Les îles de Mingan sont taillées dans la pierre à
chaux, et, à l'instar d'Anticosti, penchent vers le sud.
La vague et la marée ont graduellement usé la pierre
tendre au point d'y tailler des tourelles qu'on appelle
monolithes. L'archipel de Mingan possède incidemment la plus grande concentration de monolithes au
monde. Avec le temps, les plantes rares, les champi-
gnons et les lichens ont couvert le sommet des
monolithes d'une végétation aux couleurs variées,
leur imprimant l'aspect de pots de fleurs gigantes-
ques. Dans les îles, on trouve quelque quatre cent

cinquante espèces végétales dont certaines très rares
comme le chardon géant. On a aussi répertorié plus
de deux cents espèces d'oiseaux dont le macareux
moine ou « perroquet de mer », à cause de son allure
générale et de son bec bigarré.

Un décor aussi riche et varié allait exercer une
attraction irrésistible sur le baron de la Hontan, un
attachant personnage de notre histoire dont la fonction était d'établir, vers les années 1680, l'inventaire
de nos richesses naturelles. À la fin de sa vie, c'est
dans les îles de Mingan qu'il se retire, plus
précisément à l'île à la Chasse, après avoir parcouru
le pays du Québec dans tous les sens.

Page précédente, en haut :
L'archipel de Mingan renferme la plus grande collection de
monolithes du monde.

Page précédente, en bas :
Saxifrage gazonnante.

Ci-dessus :
Goéland à manteau noir au milieu du lichen orangé.

L'ÎLE BONAVENTURE :
L'ÎLE AUX MARGAULX

JACQUES CARTIER a découvert l'île Bonaventure bien avant toutes les autres îles du Saint-Laurent. L'exploration des îles du *Grand fleuve* date de son deuxième voyage au Canada, mais comme lors de son premier voyage en 1534 il avait remonté la côte est du continent nord-américain, on peut présumer que la vigie signala la présence dans le ciel de grands vols de margaulx.

Margaulx est le nom que les marins de jadis réservaient aux fous de Bassan. Cartier donne d'ailleurs le nom îles aux Margaulx au petit archipel composé de l'île Bonaventure, du rocher aux Oiseaux et du rocher Percé.

Les fous constituent encore aujourd'hui la principale population ailée de l'île Bonaventure et ils sont en nombre tel, que cette île fut déclarée réserve ornithologique avant même la Première Guerre mondiale.

L'île était déjà connue par les indigènes de la culture plano. Plus tard les Micmacs, qui en avaient peur, la crurent habitée par Gougou, une terrible ogresse qui enjambait le bras de mer et venait, sur la

Les margaulx ou fous de Bassan dominent le ciel de l'île Bonaventure et monopolisent les falaises de pointe à Margaulx.

plage de Percé, s'emparer des proies humaines pour les dévorer dans son antre.

L'île Bonaventure a trois kilomètres de longueur sur un kilomètre de largeur. Formée de grès rouge interstratifié de lits de calcaire grossier, elle a été, avec le rocher Percé, épargnée par le passage des glaciers lors de la dernière glaciation.

L'origine de son nom est incertaine. Peut-être est-ce tout simplement la « bonne chance » tant la pêche y était productive. On croit que les pêcheurs basques, normands, bretons et charentais la fréquentaient déjà avant l'arrivée de Cartier. Chose certaine, ils ne tardèrent pas à y établir des installations après la prise de possession officielle des terres du Canada au nom du roi de France. Certains étés, jusqu'à cinq cents pêcheurs de la mère patrie la fréquentaient.

Toutefois, on n'y connaîtra pas longtemps l'euphorie et la paix : l'Anglais rôde le long de la côte. En 1690, Phipps détruit tout sur son passage. L'île Bonaventure n'est plus sûre et l'on se replie alors sur Gaspé.

La colonisation de l'île reprendra avec l'instauration du régime anglais. Sa population, qui était de quatre familles accompagnées de trente-deux serviteurs en 1777, atteindra trente-cinq familles,

Page précédente, en bas, à gauche :
À leur grand désarroi, les habitants de l'île Bonaventure furent chassés lors de la création de la réserve, mais leur souvenir plane encore sur l'île.

Page précédente, en bas, à droite :
Baie des Marigots, île Bonaventure.

Ci-dessus :
Les phoques abondent aux abords de l'île.

soit cent-soixante-douze personnes, en 1831. Treize familles viennent d'Irlande, six d'Angleterre, quatorze de Jersey. Parmi ces dernières on retrouve celle de Peter John Duval, un corsaire célèbre qui, sous les guerres napoléoniennes, fit un tort considérable à la marine française.

Au début du XXe siècle, des visiteurs américains remontent la côte et découvrent la beauté des paysages de Percé et ses îles couvertes d'oiseaux. En 1914, M. Honoré Mercier, ministre de la Colonisation et des Pêcheries, classe officieusement comme réserve d'oiseaux l'île Bonaventure et lui attribue comme gardien William Duval, un descen-

dant de l'écumeur des mers. Sa tâche consiste à protéger les œufs des volatiles. En effet, les gens de la région récoltent depuis toujours les œufs des oiseaux de mer et, afin de s'assurer que ceux-ci seront propres à la consommation, ils brisent tous les œufs déjà pondus. Quelques jours plus tard, ils viennent en ramasser, assurés de leur fraîcheur! On imagine le tort causé aux espèces, dont certaines pondent un œuf unique qui n'atteint l'âge adulte qu'après plusieurs années.

À cette époque, on prend soudain conscience dans toute l'Amérique du Nord des torts causés à la faune par la chasse commerciale et l'exploitation sans mesure. Un traité international de protection des oiseaux migrateurs est signé entre le Canada et le Mexique en 1916 et, dès 1919, l'île Bonaventure et les deux rochers voisins deviennent officiellement une réserve ornithologique.

Cette bonne nouvelle attise l'intérêt de nos voisins qui, la guerre terminée, reprennent leurs

Le macareux moine surnommé perroquet de mer

explorations touristiques. Ils aiment tellement l'île que petit à petit ils l'achètent terrain par terrain.

En 1968, un relevé cadastral révèle qu'une partie importante de ce trésor patrimonial appartient à des étrangers et le gouvernement du Québec s'interpose avant que le gouvernement du Canada ne s'empare du dossier. Le ministère du Tourisme, de la Chasse et de la Pêche acquiert l'île en 1971 dans le dessein d'en faire un parc.

Contrairement à la politique qu'il avait adoptée lors de la création d'autres parcs, notamment le parc du Mont-Saint-Bruno en banlieue de la métropole, le gouvernement du Québec chasse les habitants de l'île à leur grand désarroi, affirme avec beaucoup d'émotion Louis Brochet. Pourtant cet homme, descendant d'une famille d'origine irlandaise célèbre pour ses hommes forts, n'est pas une mauviette. Encore alerte malgré ses soixante-dix-sept ans, il est l'un des rares ex-insulaires encore vivants à l'encontre de ses amis John et Walter Paget, des insulaires venus de Jersey ou Guernesey, aujourd'hui disparus, et qui avaient très mal pris le fait d'être déportés.

Le visiteur n'a pas conscience des drames humains du passé quand il visite l'île Bonaventure, si

fascinante. Une forêt d'épinettes rabougries, battues par les vents marins, en couvre les quatre cinquièmes, mais les botanistes recensent toutefois cinq cent soixante-douze espèces végétales dont certaines, très rares, sont des reliques de la dernière glaciation et des représentantes de la flore arctique alpine.

Quelque deux cent mille oiseaux de mer nichent sur les falaises hautes de près de cent mètres. Ce sont des cormorans à aigrette, des godes, des pétrels cul-blanc, des mouettes tridactyles, des marmettes, des guillemots noirs et même des macareux moines qu'on surnomme perroquets de mer.

Les margaulx ou fous de Bassan dominent toujours le ciel de l'île Bonaventure et monopolisent les falaises de Pointe à Margaulx. Selon un rapport de l'ornithologue P.-A. Tavernier à la commission d'histoire naturelle, il n'en restait que sept à huit mille en 1913. Leur nombre atteint actuellement cinquante-cinq mille, ce qui constitue une belle réussite dans le domaine de la conservation.

Les eaux cristallines qui baignent l'île Bonaventure laissent soupçonner une végétation sous-marine luxuriante

BIBLIOGRAPHIE

BARBEAU, Marius, « Ce que j'ai vu à l'Île aux Coudres », dans *Le Mauricien*, n° 3, mars 1939.

BÉCHARD, Auguste, *Histoire de l'Île-aux-Grues et des îles voisines*, Arthabaskaville, Imprimerie de La Bataille, 1902.

BOIS, Louis-Édouard, *L'Île d'Orléans : notes sur son étendue, ses premiers établissements, sa population, les mœurs de ses habitants, ses productions*, Québec, Imprimerie générale Augustin Côté et Cie, 1895.

DE KONINK, Rodolphe et Jean LANGEVIN, « La pérennité des peuplements insulaires laurentiens : Le bas de l'Île St-Ignace et de l'Île Dupas », dans *Cahiers de géographie de Québec*, vol. 18, n° 44, septembre 1974.

DE KONINK, Rodolphe, *Les Cent-îles du lac Saint-Pierre*, Québec, Presse de l'Université Laval, 1970.

DIONNE, Pierre-Yves, *La Technologie traditionnelle du moulin à vent*.

GARIÉPY, Raymond, « Les seigneuries de Beaupré et de l'Île d'Orléans dans leurs débuts », dans *Cahiers d'histoire de la Société historique de Québec*, n° 27, 1974.

GUAY, Charles Mgr, *Lettres sur l'Île d'Anticosti à l'honorable Marc-Aurèle Plamondon*, Montréal : C.O. Beauchemin, 1902.

GUÈVREMONT, Germaine, *Le Survenant*, 1964.

HARRINGTON, Lynn, « Île-aux-Coudres », dans *Canadian Geographical Journal*, vol. XLIII, n° 2.

HARVEY, Gérard, *Marins du Saint-Laurent*, Montréal, Éditions du Jour, 1974.

LAFRANCE, Jean, *Les Épaves du Saint-Laurent (1650-1760)*, Montréal, Éditions de l'Homme, 1972.

LEMIEUX, Jean-Marie, *L'île aux Grues et l'île aux Oies : les îles, les seigneurs, les habitants, les sites et monuments historiques*, Montréal, Leméac, 1978.

LEMIEUX, Vincent, « Le patronage politique dans l'Île d'Orléans », dans *L'Homme*, tome X, n° 2, avril-juin 1970.

LE MOINE, James McPherson, *Chasse et pêche au Canada*, N.S. Hardy, Libraire-éditeur, Québec 1887.

_____, *Ornithologie du Canada*, N.S. Hardy, Libraire-éditeur, Québec, 1890.

MCCORMICK, Charlie, *Anticosti*, Saint-Nazaire-de-Chicoutimi, Les Éditions JCL, 1979.

MIA & KLAUS, *Le Saint-Laurent*, Montréal, Libre Expression, 1984.

MICHAUD, Robert, *La Mousse de mer*, Montréal, Leméac, 1985.

_____, *L'Isle-Verte vue du large*, Montréal, Leméac, 1978.

PELLETIER, Colonel Oscar C., *Mémoires*, à compte d'auteur, s. l., 1940.

PLINGUET, Vincent, *Histoire de l'Île Dupas et de l'Île Saint-Ignace*, Joliette, (S. Laporte), 1974.

POTVIN, Damase, *En zigzag sur la côte et dans l'île*, Québec, (Ernest Tremblay), 1929.

_____, « Découvrons l'Île d'Anticosti », dans *Le Samedi*, 58e année, n° 8, 13 juillet 1946.

_____, « Invitation à l'Île d'Orléans », dans *La Revue populaire*, vol. 46, n° 7, juillet 1953.

_____, « Le Saint-Laurent et ses îles, histoires, légendes, anecdotes. »

_____, « Quelques plaisanteries macabres du sorcier de l'île, dans *La Patrie*, 16 janvier 1949.

POULIOT, Joseph-Camille, *L'Île d'Orléans*, Québec, 1927.

TACHÉ, J.C. , « L'Île Saint-Barnabé », dans *Les Soirées canadiennes*, vol. 5, 1865.

TACHÉ, Louis-H., « Anticosti ou l'Île de l'Assomption », dans *L'Opinion publique*, vol. 1, mai 1893.

TESSIER, Gilles, « La légende du curé de l'Île Dupas », dans *La Vie Berthelaise*, vol. 5, n° 12.

TURCOTTE, Louis-Philippe, *Histoire de l'île d'Orléans*, Québec, Atelier typographique du Canadien, 1867.

VIGNAULT, Placide, *Un pied d'ancre, Histoire ou Journal de la Pointe aux Esquimaux*,

WHITE, Peter S. , « L'authentique gibelotte des îles de Sorel », dans *Québec, Chasse et pêche*, vol. 8, n° 9, juin 1979.

WOODS, William Carson, *The Isle of the Massacre*, Toronto, The publishers Syndicate Limited, 1901.

WHITE, Walter Sydney, *Le Chenal du Moine : une histoire illustrée à l'occasion du centenaire de Sainte-Anne-de-Sorel, 1876-1976*, Sorel, Éditions Beaudry et Frappier, 1980.

Saint-Laurent en Isle... Souvenances 1679-1979, Saint-Laurent, île d'Orléans, Corporation des Fêtes du Tricentenaire, 1979.

TABLE DES MATIÈRES

Introduction 9

L'ARCHIPEL DU LAC SAINT-PIERRE 11

L'ÎLE D'ORLÉANS 35

L'ARCHIPEL DE L'ÎLE AUX GRUES 65

L'ÎLE AUX COUDRES 97

L'ÎLE VERTE 119

L'ÎLE AUX BASQUES 129

L'ARCHIPEL DU BIC 133

L'ÎLE AUX LIÈVRES 143

L'ÎLE D'ANTICOSTI 149

L'ARCHIPEL DE MINGAN 175

L'ÎLE BONAVENTURE 181

Bibliographie 188

Remerciements 190

Crédits photographiques 190

REMERCIEMENTS

Le projet de rédaction de cet ouvrage a soulevé un vif enthousiasme chez les personnes suivantes qui ont bien voulu me fournir leur assistance, leurs lumières et leurs critiques : le directeur et l'équipe de bibliothécaires de la bibliothèque nationale du Québec à Montréal; Francine Nadon, Joël LeBigot, Louise Bérubé et André Champagne qui ont porté à ma connaissance plusieurs renseignements précieux; Pierre Trudel pour ses critiques pertinentes, Sylvie Perron, botaniste, Paul Desrosiers, vétérinaire et Daniel Coulombe, ornithologue, pour certaines précisions de nature scientifique; Jean-Marc et Mariette Bouffard, propriétaires de *Aux Capucines* à l'île d'Orléans, qui, lors d'un inoubliable séjour, m'ont révélé l'existence des mémoires du colonel Oscar C. Pelletier; John et Alberte Sutton pour des détails précieux sur l'île Bonaventure, Madelaine Picard et Roselyne Hébert pour leur généreuse collaboration.

L'éditeur se joint à moi pour les remercier tous et toutes chaleureusement.

CRÉDITS PHOTOGRAPHIQUES

Association touristique Chaudière-Appalaches (64, 67, 72);

Association touristique de Charlevoix (99, 110 en haut);

René Béland, Domaine du lac Saint-Pierre (14, 22);

Benoît Chalifour (34, 44, 48 en haut; 49 à gauche; 96, 98, 100, 101, 102, 103, 107, 108, 112, 116, 127, 135, 136, 150, 153, 156, 159, 162 en haut; 178 en haut; 179);

Chambre de commerce de l'Île-d'Orléans (43, 52, 53, 54, 58 en haut; 59 à gauche);

Denis Cloutier (28 en bas; 46, 81, 176 en haut);

Louis-Philippe Coiteux (12, 139 en haut; 162 en bas);

André Croteau (10, 15, 16, 17, 18, 19, 33, 36, 37, 38 en haut; 42, 45);

Martin Dufour (114, 115);

Marc Fortin (75);

Louis Gagnon (31 en haut; 144, 148, 154, 164, 169, 183, 186);

Anne Gardon (24, 126, 152, 170, 174, 178 en bas);

Michel Julien (30 en haut; 40, 60, 68, 76, 77, 78, 79, 87, 128, 168 en haut à droite, en bas à gauche et au centre; 180, 182, 184, 187);

Sébastien Larose (23, 66, 80, 82, 83, 84, 85, 86, 88, 91, 94, 95, 104);

Sylvain Mageau (4, 8, 26, 28 en haut; 30: les 3 du bas; 31: les 2 du bas; 110, 118, 120, 121, 122, 123, 124, 125, 130, 132, 134, 138, 140, 141, 146, 157, 158, 172, 176 en bas);

O.T.C.C.U.Q. (34 en bas; 48 en bas; 49 à droite; 50, 58 à droite; 59 à droite);

Jose Schell (139 en bas; 142, 145, 151, 155, 165, 168 en haut à gauche et en bas à droite; 169);

Société historique de l'Île-aux-Coudres (117);

L'ÎLE AUX
LIÈVRES

Saint-Siméon

LAC
SAINT-JEAN

Chicoutimi

Bic

Trois-Pistoles

L'ÎLE AUX COUDRES

St-Bernard-
sur-Mer

St-Siméon

St-Louis
La Baleine

Rivière-
du-Loup

L'ARCHIPEL
DU LAC
SAINT-PIERRE

L'ÎLE D'ORLEANS

Baie-Saint-Paul

L'ÎLE AUX
BASQUES

St-François

Ste-Famille

Île à
l'Aigle

Île aux
Ours

Île de la
Girodeau

St-Pierre

Île Madame

Île aux Castors

Île Dupas

Île
St-Ignace

St-Jean

Ste-Pétronille

St-Laurent

Île
St-Amour

Île de Grâce

L'ÎLE VERTE

Montmagny

Québec

Trois-Rivières

Île au
Canot

Île aux Grues

Île au
Ruau

Grosse
Île

Sorel

Île
Ste-Marguerite

Montmagny

Montréal

Île
Madame

L'ARCHIPEL DE L'ÎLE AUX GRUES

FLEUVE